# 基于"环境—动机—行为"模型的职业教育专业教学资源库优化研究

宗 诚 著

哈尔滨工业大学出版社

## 内容简介

本书基于当前职业教育专业教学资源库存在"用不起来""重建设轻应用"状况,针对学生使用资源库的学习情况及其影响因素展开研究。本书共分六章,主要内容包括引言、研究设计、基于问卷调查的资源库学生学习情况分析、基于访谈调查的资源库存在的问题及原因分析、基于准实验的资源库优化研究、讨论与结论。

本书论证目标明确,材料丰富,结构合理,逻辑性较强,写作较规范。本书可供职业教育专业教学资源库项目建设单位参考使用。

### 图书在版编目(CIP)数据

基于"环境—动机—行为"模型的职业教育专业教学资源库优化研究/宗诚著. —哈尔滨:哈尔滨工业大学出版社,2019.9
ISBN 978-7-5603-8536-5

Ⅰ. ①基… Ⅱ. ①宗… Ⅲ. ①职业教育—研究 Ⅳ. ①G71

中国版本图书馆 CIP 数据核字(2019)第 221118 号

策划编辑  闻  竹
责任编辑  马  媛  那兰兰  苗金英
封面设计  佟  玉
出版发行  哈尔滨工业大学出版社
社　　址  哈尔滨市南岗区复华四道街10号  邮编150006
传　　真  0451-86414749
网　　址  http://hitpress.hit.edu.cn
印　　刷  哈尔滨市道外区铭忆印刷厂
开　　本  787mm×960mm  1/16  印张11.75  字数177千字
版　　次  2019年9月第1版  2019年9月第1次印刷
书　　号  ISBN 978-7-5603-8536-5
定　　价  48.00元

(如因印装质量问题影响阅读,我社负责调换)

# 前　言

　　为了适应学习方式和学习需求的变化,世界各国都将教育信息化作为建设人力资源强国、实现经济高质量发展的有力杠杆和教育改革发展的战略重点。在我国大力推动教育信息化的背景下,职业教育信息化取得了令人瞩目的成就。国家职业教育专业教学资源库作为"互联网+职业教育"的落地项目,按照服务产业发展、校企共建共享的思路,逐步实现高职院校各专业大类覆盖。然而从总体来看,职业教育专业教学资源库存在"用不起来""重建设轻应用"的状况,不少职业院校简单追求建设上的达标,却没有在教学与管理中使其更好地发挥作用,制约了职业教育信息化深度发展。究其原因,主要是缺乏有效组织管理,缺乏相关理论指导,尤其是在服务管理及教学应用方面,集中表现为"不知道怎么做"。

　　本书针对学生使用资源库的学习情况及其影响因素展开研究,总体思路为:第一步,通过课堂观察了解学生使用资源库的学习情况。基于文献研究,提出学生学习动机不足和对学习环境不够满意是资源库得不到有效使用的主要原因的假说。第二步,通过问卷调查,深入了解学生的资源库学习行为、存在的主要问题及其影响因素。第三步,通过访谈调查,挖掘资源库存在的问题并分析问题成因。围绕影响学生学习动机的因素,聚焦资源库学习支持和学习内容,提出资源库优化策略。第四步,实施准实验研究,验证资源库优化策略的实施效果。

　　具体而言,首先,以全国8个省份中具有焊接技术与自动化专业的8所高职学校为样本,以样本学校中具有该专业教学资源库学习经历的500名学生为调查对象,通过自编的"职业教育专业教学资源库学生学习情况调查问卷"调查了解学生资源库的学习经历、存在的问题及其影响因素。问卷包括学生对资源库学习环境的感知、学习动机和学习行为以及个人背景信息,这些内容是后期构建环境感知、学习动机和学习行为之间关系模型的基础。第二,围绕注意力、切身性、自信心和满足感这4个影响学习动机的因素,从"感知的学习支持"和"感知的学习内容"两个维度编制访谈提纲,针对来自不同样本学校焊接技术与自动化专业的22名学生和13位老师展开访谈调查。经过访谈资料编码、属性归类等步骤,诊断出资源库存在的主要问题。针对影响学生学习动机的因素,提出资源库优化策略。第三,选择拥有资源库学习经历且参与过前测调查的学生作为实验对象,基于焊接技术与自动化专业教学资源库,运用准实验方法,验证资源库优化策略的实施效果。实验数据处理包括:一方面,对严格配对的59名学生样本采取配对样本T检验;另一方面,对分布未知的两个总体采取两个独立样本的非参数检验。两方面共同分析学生使用资源库学习情况的变化,验证资源库优化策略的效果。

问卷调查发现:第一,学生缺乏在资源库中参与互动活动的行为。第二,学生使用资源库学习的影响因素包括感知的学习环境以及学习动机,且自变量感知的学习环境与学习动机对因变量学习行为具有较好的解释能力。第三,在学习环境与资源访问、学习环境与任务完成之间检测出学习动机的部分中介效应;在学习环境与活动参与之间检测出学习动机的完全中介效应。

访谈调查发现:一方面,在学习支持方面,资源库存在平台界面设计不够完善、功能设计脱离实际、用户体验满足感有待提升、激励措施缺乏、学习成果认证制度有待完善等问题。另一方面,在学习内容方面,资源库存在稳定性不够高、新颖性不具备、颗粒化不彻底等问题。

资源库优化策略从学习支持和学习内容两个维度提出,包括:设计激发和维持注意力的平台界面、建设与学习目标相关联的资源、构建提高学生自信心的学习情境、完善满足成就期望的激励机制等。

准实验研究分别采用配对样本T检验及两个独立样本非参数检验方法进行分析。配对样本T检验发现显著性(双尾)小于0.05,且部分配对样本前测和后测调查数据的平均值、标准偏差和标准误差平均值存在显著差异;两个独立样本的Mann-Whitney U检验中的U值、W值和Z统计量均显示为0.000(小于0.05),呈现出渐进显著性(双尾)。因此可以得出,资源库优化前后学生使用资源库的学习情况具有显著性差异,学生对学习环境的感知、学习动机及学习行为明显改善,资源库优化策略实施有效。

研究的主要结论归纳如下：

1. 提升学生的学习动机需搭建个性化资源检索平台

研究以焊接技术与自动化专业教学资源库为实验对象，充分考虑职业教育的特性，以及学生、教师、企业员工、社会人士等在线学习者的学习习惯，强化微知库平台的资源检索功能，建成自主学习平台、课程搭建平台、行业培训平台及社会人员终身教育平台，实现个性化检索。研究关注到了网络学习环境设计中不容忽视的问题，即要以激发和维持学生学习动机作为主要线索对资源库教学情境加以设计，通过系统地分析和规划各种学习资源、学习工具和学习过程，为学生创造能够充分发挥其主动性、积极性、创新性，并适合于主动建构知识的情境和条件。研究结果对于职业教育信息化教学实践具有重要的现实指导意义。

2. 促进学生的学习行为需设置启发式的教学情境

学习行为不单纯受学习环境、个性特点、智力水平、健康状况、学习基础、学习习惯、学习方法等一系列主客观因素的制约，更会受到学习者学习动机的影响。设置启发式的教学情境，可以增加学生的学习体验，提升学生的自信心，激发和维持学生的学习动机。因此，充分了解学生的学习意向，适当采取教育教学手段，激发和维持学生的学习动机，是改善学生资源库学习行为、提高资源库使用效率、提升学生学习效果的重要前提和保证。

3. 提升学生的学习效果需建构交互式的学习支持

交互式教学是学习支持服务的核心要素。在资源库的学习过程中提供交互式的学习支持服务可以维持学生的学习动机。学生可以通过交互式教学获得在线学习的各类资源、信息、辅导和帮助，解决各种问题和困难，完成学习任务。本书通过在焊接技术与自动化专业教学资源库中设置知识地图，为学生提供"导学"服务；通过为学习者提供QQ群、微信群等实现在线"助学"服务；通过向学生推送课程开课信息及知识测验等通知，实现资源库"督学"功能。"导学""助学""督学"等交互式学习支持有效实现了实时交互评价，增加了服务模式的适切性，增加了学生管理的导向性和启发性，提升了学生的学习满足感，降低了学生的学习厌倦感，提升了学生的学习效率和效果。

基于上述发现和结论，提出以下几方面建议：

1. 以激发学习动机为目标，建设资源库学习支持和学习内容

关于资源库的平台，应设计新颖、生动、有趣、富有美感和吸引力的界面和内容。关于资源库的学习内容，应制订符合学生学习风格、学习需求和与既往学习经历相适宜的学习目标。关于资源库的互动条件，应引导学生在学习过程

中更加注重拥有愉悦的学习情绪。根据学生的实际情况制订与既定目标相一致的合理的评估标准。

2. 易用性与有用性相结合，多层次构建资源库学习环境

感知的易用性与有用性会直接影响学生对资源库的学习动机。伴随着Web2.0新技术和新兴学习理念的发展，学习环境研究范围已拓展到学习者学习方式层面。考虑到学习动机和环境感知是资源库得不到有效使用的影响因素，在构建资源库学习环境时，不仅应包括以学习者为中心的学习支持和学习内容，还应包括以用户需求为导向的思想观念、以学校信息化为基础的应用环境、以服务为目标的自主性支撑平台、以成为教学资源整合的"催化剂"为目标的教师角色定位、以人为本的信息素养教育以及持久连续的激励机制等内容。

3. 进一步完善资源库制度保障，提升高职院校学生的学习动机

为使优质资源在教育教学中的实际应用进一步强化，扩大优质资源的覆盖面，提升学生使用资源库的积极性，应进一步完善资源库制度保障，确保资源库不断完善、持续发展和推广应用。一方面，管理部门应完善质量保证与学分认证制度。完善的质量保证制度是保证学分认证发生的重要前提和基础，学分认证制度对于促进资源库向优质化和精细化发展具有极其重要的作用。另一方面，职业院校应创设有效的激励机制。充分发挥专业教学资源的作用，提升学生的学习动机，促进学生对资源库的使用行为，促使教师将资源库中的资源真正运用于课堂教学，提高课堂教学质量，提高教师业务水平。

今后可以从以下几方面进一步开展研究：

第一，丰富研究对象。从高职院校学生学习动机与学校教育环境及氛围差异性出发，获取更多来自其他不同专业学生的调查数据作为研究证据，使得研究结论更具有客观性、普遍性和可推广性。

第二，挖掘研究结果。考虑其他研究变量或对研究变量的维度进行细化，提高自变量对因变量的解释力度，形成更加具有可操作性的研究结论。

第三，升级优化策略。进一步考虑企业员工、社会学习者的学习需要，提升访问路径、资源下载、智能查询、便捷程度等应用功能，构建适应产业发展需求的资源管理系统。

宗　诚<br>
2019 年 8 月

# 目　录

第一章　引言 ··································································· 1
　　第一节　研究缘起与研究意义 ············································· 1
　　第二节　文献综述 ···························································· 7
第二章　研究设计 ······························································ 25
　　第一节　研究框架 ··························································· 25
　　第二节　研究方法 ··························································· 28
第三章　基于问卷调查的资源库学生学习情况分析 ····················· 54
　　第一节　样本基本信息描述 ·············································· 54
　　第二节　样本特征描述性分析 ············································ 55
　　第三节　学习环境、学习动机和学习行为的路径关系 ············· 58
　　第四节　资源库学生学习行为预测的结构模型 ······················ 71
第四章　基于访谈调查的资源库存在的问题及原因分析 ··············· 89
　　第一节　访谈提纲的编制 ················································· 89
　　第二节　访谈对象的选择 ················································· 91
　　第三节　访谈资料的整理与分析 ········································ 94
　　第四节　资源库存在的问题及原因分析 ······························ 103
　　第五节　基于学习动机的资源库优化策略 ··························· 107
第五章　基于准实验的资源库优化研究 ··································· 112
　　第一节　实验设计 ··························································· 112
　　第二节　实验处理 ··························································· 115
　　第三节　实验处理结果检验 ·············································· 133

1

**第六章　讨论与结论** ·············································· 149
　　第一节　主要研究发现 ·········································· 149
　　第二节　资源库学生学习情况的"环境—动机—行为"实证模型 ······ 151
　　第三节　研究结论 ·············································· 152
　　第四节　启示与展望 ············································ 157
**附录 A**　"职业教育专业教学资源库学生学习情况"调查问卷 ·········· 164
**附录 B**　"职业教育专业教学资源库学生学习情况"访谈提纲 ·········· 169
**参考文献** ························································ 171

# 第一章 引 言

职业教育信息化经过多年建设与发展,取得了令人瞩目的成就。国家职业教育专业教学资源库(以下简称"资源库")是"互联网+职业教育"的落地项目,按照服务产业发展、校企共建共享的思路,对需求量大、覆盖面广的专业,中央财政提供经费支持,逐步构建国家、省、学校三级资源库共建共享体系,不断推进职业教育资源跨行业、跨区域共建共享,逐步实现覆盖高职院校各专业大类。截至目前,初步形成了国家职业教育资源管理运行制度和共建共享体系,已立项建设国家级专业教学资源库110个、运行平台1个、民族文化传承与创新库8个。然而,相比于世界数字化、网络化、智能化的发展趋势,相比于国家实施的"互联网+"等重大战略需求,相比于职业教育信息化与现代化的要求,职业教育专业教学资源库建设还有待加强完善。

## 第一节 研究缘起与研究意义

### 一、研究缘起

#### (一)研究背景

21世纪以来,信息技术为社会发展模式的转型、教育模式的转型提供了支持。人们的生活方式、学习方式以及生产方式发生了巨大的变化,个性化学习、终身学习、优质教育和全民教育已经成为信息时代教育发展的重要特征(教育部,2012)。其中,学习方式的转变表现为:学习者由被动地位变为主动地位,知识学习由以记忆为主变为以发现为主,由个人的、机械性的知识记忆变为体验的、互动的、社会的过程(黄荣怀,2007)。为适应学习方式和学习需求变化,世界各国都将教育信息化作为建设人力资源强国、实现经济发展的有力杠杆和教育改革发展的战略重点(尚俊杰,2015)。联合国教科文组织(UNESCO)指出:"无论是政府部门、政治家,还是教育工作者,都已经或正在意识到信息技术对促进学校教与学的巨大作用,并且将信息技术融入国家教育发展战略、教育系统和课程规划。"(UNESCO,2012)我国政府更是将教育信息化提升到了前所未有的高度,将教育信息化作为今后中国教育系统整体改革与创新发展的战略选择和强大杠杆(何克抗,2010)。《国家中长期教育改革和发展规划纲要(2010—2020年)》指出:"网络信息技术对教育发展具有革命性的影响,必须加以高度的重视。"(教育部,2010)《教育信息化十年发展规划(2011—2020年)》提出:"以教育信息化带动教育现代化,是我国教育事业发展的战略选择。"(教育部,2011)

职业教育作为我国人力资源开发和国民教育体系的重要组成部分,在转变经济增长方式和优化产业结构的历史阶段,在推进新型工业化和城镇化的历史进程中,担负着为各行各业输送技术技能人才的重要职责。技术技能人才培养质量、职业教育教学质量,与我国经济社会发展质量直接相关(任占营,2017)。职业教育事业在快速发展的过程中,积累了多媒体素材、精品课程、人才培养方案、专业建设规划等大量优质的专业教学资源。然而,职业教育实训耗材成本较高、现场实习危险性大、理论教学晦涩难懂、教材难以直观呈现实操类教学内容等现实问题,使得区域间、院校间存在优质资源配置不够均衡的突出矛盾。因此,为实现即时传送企业真实工作场景和现场教学情境,为学习者营造身临其境的课堂学习氛围,分享更多的优质教育资源,迫切需要发挥信息技术在职业教育中的支撑作用。在国家大力发展和推动教育信息化的背景下,职业教育信息化成为职业教育创新改革和教育信息化的重要工作内容(鲁昕,2013)。自《教育信息化"十三五"规划》(教技〔2016〕2号)发布以来,职业教育信息化在基础设施建设、资源开发、技术培训、教学与管理应用等方面成效显著。《关于进一步推进职业教育信息化发展的指导意见》(教职成〔2017〕4号),对新时期职业教育信息化提出了更高要求。目前,我国职业教育信息化建设呈现出多样化的发展格局,在经历了初期起步阶段之后,已经步入了探索应用阶段(何克抗,2011)。

教学资源是教学过程中的生产资料,决定着教育教学发展的水平和质量。传统教学环境下的教学资源主要是以教科书为代表的印刷型资源,信息时代的教学资源就是以网络资源为代表的数字资源。不管是来自麻省理工学院的OCW项目,还是斯坦福大学的MOOC课程,优质数字教学资源建设一直是推进教育信息化可持续发展的前提和基础。国内的一系列做法顺应了国际教育资源建设的潮流,从教师讲课使用计算机等多媒体教学手段取代黑板、粉笔到关注网络资源建设,从2012年教育部颁布《教育部高等教育司关于启动2012年精品视频公开课建设工作的通知》(教高司函〔2012〕52号)启动国家精品课到向精品资源共享课的转型升级,从掀起慕课项目热潮到国家职业教育专业教学资源库项目的如火如荼(鲁昕,2013)。《高等职业教育创新发展行动计划(2015—2018年)》对资源库项目建设提出了新的命题和要求,其中的主要任务第一条就明确指出,要扩大优质教学资源,即结合我国不同区域特点,以专业建设为重点,创新发展方式,提高发展质量,最大限度地扩大优质教学资源的覆盖面和总量,提高区域高等职业教育的均衡程度和社会认可度。

(二)问题提出

作为职业教育领域起步早、投入大、成果丰、影响大的信息化教学资源开发建设项目,资源库项目能够取得当前的建设成效,一方面依托于信息技术的先进性,另一方面更是依赖于用户的使用行为。用户行为是判断用户活跃度的外显标准,是评价资源库应用情况的重要指标,是构成资源库大数据的基础,是学习分析及个性化学习支持的依据(何克抗,2015)。当前,从注册用户总量及资源库用户行为统计量得出,学生为使用资源库学习的最主要学习者,其他三类学习者分别为教师学习者、企业用户和社会学习者。因此,资源库用户行为主要是指学生在资源库使用过程中发生的各种与学习相关的行为,有浏览、下载、上传、分享资源,作业,测试,参与在线交流讨论,基于资源库的师生交互、生生交互、人机交互等。然而,技术支持下的资源库学习仿佛是一个"美好的理想",它在现实中的表现却差强人意。从《职业教育专业教学资源库运行监测数据年度报告》的用户行为数据分析结果看,90%以上的学生都配备有个人电脑,但真正用于学习的时间不到3%,资源库就更没有多少人关注,可见当前资源库建设项目尚存在着"叫好不叫座""丰产不丰收"的现象(杨政学,2006)。"重建设轻应用"使不少职业院校简单追求建设上的达标,却没有使其在教学与管理中更好地发挥作用,制约了职业教育信息化的深度发展。究其原因,主要是缺乏相关的理论指导,缺乏有效的组织管理,尤其是在教学应用与服务管理方面,表现出"不知道该怎么做"(翟帆,2015)。

通过文献研究发现,就本质而言,社会学习论是一种行为理论,它试图解释社会情境中个体的各种行为是如何产生的(高申春,2009)。三元交互决定论的代表人物班杜拉指出,决定个体学习行为的因素不只包括环境因素,还包括个体对环境中人和事物的认知,而后者更是学习行为的重要因素(张春兴,1998)。基于理性行为理论建构的技术接受模型表明,在技术环境下学生展开学习的关键点是其作为信息使用用户及其对信息环境的感知。当他感知到使用该技术是易用的且有用的,就会拥有强烈的使用动机,从而最终倾向于接受该技术(明均仁,2013)。准确及时地掌握用户对信息环境的感知与接受行为,可以根据行为反馈进一步指导建设实践。于是,作为资源库建设项目成员之一,作者本人深入课堂实地,与学生共同上专业课,选择学生学习行为的视角,观察、了解学生使用资源库学习的情况,结果发现,学生不能很好地利用资源库进行学习,行为不足背后的原因可能包括动机不高以及对学习环境不够满意。上述因素综合起来发生作用,导致资源库"用不起来"。由此可见,围绕资源库的"学习行为"这一核心要素,探讨环境感知、学习动机等对其的深入影响,就有可能摸清学生使用资源库的学习规律,促使学生更好地利用学习资源,进而整体改善职业教育信息化学习成效。

基于上述阐释和分析,可以提出学生的学习动机不足和对学习环境不够满意是学生不能很好地利用资源库进行学习的主要原因的假说。为了科学理解和正确认识资源库的价值合理性,促使学生更好地利用资源库,本书将基于三元交互决定论、理性行为理论等,构建以学习行为为核心的资源库学习情况模型,探究资源库学习行为的状况和机制。聚焦高职院校资源库学习情况及其影响因素,解决当前资源库利用率低、学习者难以接受与使用资源库等问题。本书旨在获得切实可行的解决方案,优化教学工具与手段,提升职业教育信息化服务质量,促进学生使用资源库的积极性,助推职业教育信息化建设更加深入和全面发展。

本研究试图解答如下几个核心问题:第一,学生使用资源库学习的行为究竟如何?第二,学习环境感知、学习动机和学习行为三者的关系如何?第三,在学习环境感知和学习行为之间是否存在学习动机的中介效应?第四,如何结合学习行为影响因素优化资源库?第五,如何验证资源库优化策略的实施效果?本书将通过研究解答上述问题,给出资源库优化的建议和方向。

## 二、研究意义

### (一)理论意义

1. 为职业教育优质化发展提供科学理论依据

优质高职院校建设是我国高职院校当前发展的主旋律(任占营,2018)。资源库建设的根本目标在于实现高职院校资源的优质化,通过优质资源的共享,不断缩小院校间的专业发展水平差距,从而推进高职院校的均衡发展。资源库建设是高职院校优质化建设和改革进程中"优质资源"建设的重要举措,它不仅是高职院校优质化发展的一项局部性改革,更是关乎基础资源优质化目标能否实现的全局性的重要改革举措。已有资源库相关研究的研究热点,始终聚焦在资源库建设项目的宏观方面,与资源库学习者相关的主题仍处于研究边缘地带,未能与资源库建设目标定位同步。基于此,本书顺应"优质化"的发展诉求,拓宽研究领域,打开研究视角,从宏观、中观以及职业教育实践一线的微观层面开展扎实深入的研究,并升华至职业教育基本理论问题的思考境界,切实推动高职院校优质均衡发展,为职业教育决策提供更多客观科学的依据。

2. 从学生视角开发资源库研究工具

本书以三元交互决定论、理性行为理论等为基础,参考国内外相关研究成果,设计开发研究工具"职业教育专业教学资源库学生学习情况调查问卷",调查高职院校学生使用资源库的情况,确定影响资源库学习行为的因素,根据影响因素优化资源库,进而提升资源库的使用效果。本书一方面可以丰富职业教育信息化领域的用户行为理论框架,另一方面可以通过对研究对象的分析与抽象,规范与控制研究过程,分析运行过程中出现的问题,提出提升职业教育信息化服务质量的改革方向与创新思路,形成系列学术观点、研究报告,以及相应的信息化管理制度和文件。本书的研究成果具有一定的普遍性、客观性和可推广性。

**(二)现实意义**

1. 为职业教育信息化深入发展提供实践依据

以信息化促进教育又好又快发展,就是要"以需求侧分析为先导,在供给侧寻求突破,满足人民日益变化的教育需求对信息化供给提出的新要求,增强供给对于需求变化的适应性和灵活性"(任友群,2018)。作为深化职业教育综合改革的示范项目、"互联网+职业教育"的落地项目,资源库对引领带动职业教育教学改革、推进现代职业教育发展起到了重要作用。资源库未来的发展必定以不断完善建设、应用与质量保障机制,构建混合式教学改革新生态为目标。本书运用科学研究方法,紧密结合资源库项目建设宗旨展开研究,挖掘资源库学习情境中存在的主要问题,采取切实可行的优化策略,解决当前存在的资源库利用率低、学习者难以接受与使用资源库等问题,旨在为教师教学、学生和社会学习者自主学习提供服务,为职业教育信息化更加深入和全面发展提供技术支撑与实践指导。

2. 为信息资源建设者和管理者提供借鉴和参考

本书一方面有助于教育行政主管部门、高职院校管理者、教师、学生乃至社会,了解到当前资源库学习环境下高职学生的学习状况,从学生学习的角度采取切实可行的优化措施,指导资源库的建设,确保资源库建设项目科学规范有序进行;另一方面,还可以为信息资源建设者与管理者提供从理论到方法层面的启示和指导,为学生营造灵活、自主、优质、个性化的学习环境,助推信息技术与教育深度融合,加快高等职业教育专业教学改革,促进教育公平,实现教育均衡发展。

## 第二节 文献综述

基于上述研究假设,本节拟从研究主题、研究方法和研究对象等方面,对职业教育专业教学资源库、三元交互决定论、技术接受模型、学习动机、学习环境及学习行为相关文献进行综述,明确研究进展,澄清研究问题,理清研究思路,明确研究路径,为确定影响学生使用资源库学习的因素寻找理论依据,为提出资源库优化策略寻找理论参考系。

### 一、职业教育专业教学资源库

通过梳理历年来教育部颁布的与职业教育专业教学资源库相关的政策要点,回顾资源库的发展历程,进一步了解资源库的建设目标和功能定位,发现资源库建设项目自2006年提出、2010年启动以来,在实践上,经历了启动项目建设、完善组织方式、健全长效机制的发展历程。在这一过程中,学者们从不同角度对资源库展开研究,不断地充实思路、理清概念、拓展功能、明确要求、完善管理、推广应用。在理论与实践的双重探索中,作为信息化资源开发建设与应用项目之一,资源库项目逐渐走出了一条信息技术与专业教学深度融合之路,产生了一大批理论与实践研究成果。经过文献梳理发现,早期研究集中于对资源库相关政策的解读,中后期研究主要集中在资源库建设和应用,研究内容主要涉及五个方面:一是资源库概念界定;二是资源库平台建设;三是资源库资源建设,四是资源库应用机制建设;五是资源库研究述评。

#### (一)资源库概念界定

把握资源库的定义,有利于明确资源库建设的着眼点、着重点和着力点。由于资源库具有丰富的内涵,学术界尚没有统一的定义,目前主要包括以下几方面观点:有学者从比较研究的角度提出"资源库是专业层面上对数字资源的整合,它区别于慕课类等教育资源平台"(童卫军,2016)。有学者从功能定位的角度,认为"资源库是为了满足职业院校师生、企业培训师和社会学习者等用户对数字化教学资源的需求,专门研制的具有资源集成、用户服务功能和网络传播的资源平台,以及支持用户共享使用,可以提供用户服务的机制"(戴勇,2010)。有学者从"泛在学习"的理论视角指出,在课堂教学以外,学生使用资源库可以达到巩固所学知识、进一步拓展学习的目的,教师可以利用资源库,针对不同学习对象的学习需求及讲授课程的要求,灵活组织专业教学讲授内容,辅助完成教学过程,实现最终的教学目标(步雅芸,2015)。还有学者从教育技术的角度,指出"职业教育专业教学资源库是研究高职教育学习资源和学习过程的设计、开发、管理、利用和评价的实践活动"(杨明,2012)。

通过梳理相关文献发现,资源库在教学资源库发展的推动下,经历了从多媒体课件未按严格标准管理的简单组合,到标准化建设阶段,再到具有知识管理功能的发展历程(李真真,2012)。从现实意义来讲,资源库项目是继"国家示范性高等职业院校建设计划""国家中等职业教育改革发展示范校建设计划"之后设立的又一项深化职业教育综合改革的重大项目(孙善学,2017)。综合考虑资源库丰富的内涵和深远的意义,本研究将资源库定义为:以现代职业教育理论为基础,以先进信息技术为支撑,以课程资源开发为核心,以服务专业教学为根本,以提高人才培养质量和社会服务能力为目的,由职业院校牵头,行业企业共同参与的资源管理平台。

### (二)资源库平台建设

"能学、辅教"是资源库的建设定位,而资源库的运行平台是实现"能学、辅教"功能的重要保障。"能学"是指凡是有学习意愿并且具备基本的学习条件的职业院校学生、教师和社会学习者,都可以通过自主使用资源库实现不同起点的系统化、个性化学习,进而实现学习目标;"辅教"是指教师可以利用资源库灵活组织教学内容,辅助教学设施,针对不同的讲授对象和教学要求完成教学目标;学生可以利用资源库,在课堂教学以外对所学知识进行巩固并加以拓展学习。顺应信息技术迅速发展的趋势,资源库已从单纯的"资源仓库"转变为"资源仓库+在线学习平台",由强调资源存储结构优化转变为强调资源检索与应用的便捷性和智能化。伴随资源库建设理念的不断更新,运行平台的功能也在逐步拓展,现已基本形成资源管理、教学过程管理、社区互动和运行数据分析等功能。

然而,当前某些平台设计仍无法满足用户多样化的需求,表现为资源库的菜单多、图层厚,操作复杂,用户友好性较低(李贺华,2014);稳定性、智能化水平较低,缺乏学习导航、资源检索和评价等功能(张国民,2014)。因此,相关研究指出,资源库应立足高职教育的属性,做好平台建设的顶层设计,构建适应产业发展需求的资源管理系统(童卫军,2016);从就业岗位所需要的实际能力要求角度出发,系统化地梳理专业人才培养方案,以学习者为中心建立一站式资源学习平台(焦本斌,2011)。其中管理与运行平台设计是首要任务,包括平台的选择、运行管理、所需经费等方面(戴勇,2010)。与此同时,要想使专业教学资源库发挥更好更大的作用,就需要构建资源库开发、应用、评价和完善等各环节的闭环建设机制(杨诚,2015)。整合各相关主体的需求与资源,构建利益驱动机制,把资源库的应用融合到日常教学及培训过程中,使专业教学资源库发挥更好的作用。同时运用自主学习理论及其所包含的激发动机、目标制定、考核方式等元素,指导教学资源库自主学习平台的开发,为后续平台功能的完善提供启示(张国民,2014)。

(三)资源库资源建设

资源是资源库建设的承载主体。资源建设规模和质量是衡量资源库建设的重要指标。按照《职业教育专业教学资源库建设指南》的要求,近年来,资源库资源建设取得了长足进步,素材总量不断扩大,表现类型日趋丰富,基本覆盖专业教学标准要求的所有基本知识点和岗位基本技能点,并针对产业发展和个性化学习需要增加了拓展资源,为教师搭建课程和学生自主学习奠定了较好的基础。

然而,某些资源库的资源在内容、形态和结构方面仍存在不足,表现为:在内容上,不能涵盖专业主干课程和基本知识点,资源更新率低,缺乏突出技能训练、实训操作的职业教育特色资源,有些还只是原有精品课程资源的简单堆砌;在形态上,类型分布不合理,文本类、图形(图像)类素材占比过高,未能充分发挥多媒体技术的优势;在结构上,缺乏逻辑关系,存在为资源碎片化而碎片化的现象。资源库应该以企业的需求为目标培养人才,构建适合不同学习者学习的适宜的环境及学习资源(李利平,2011)。资源库应包含的资源大致为:资源层次、资源体系、基本资源、冗余资源和拓展资源(周建松,2014);应通过科学合理的配置和优化专业教学资源库的教学资源(钱虹,2015),实现专业群内各专业之间资源共享,降低专业群建设成本,突破课程的束缚(杨威,2011),以专业技能为建构线索,增加有利于技能训练的资源(张铮,2011),进而满足五层框架结构标准,具体包括专业建设基本要求、专业课程体系、课程大纲、教学资源素材、就业岗位及其专业技能标准(戴勇,2010)。

**(四)资源库应用机制建设**

资源库项目自立项以来已初步构建了一个专业覆盖广泛、课程数量庞大、素材类型丰富的资源建设体系。然而,对比颇具规模的建设数据,用户行为、平台访问量、资源下载和使用率等应用数据并不突出,这表明资源库在应用推广方面尚存在较大提升空间。资源库建设未能根据产业发展、教学改革、用户需求的发展而持续更新变化,欠缺推广应用的利益驱动机制(杨新侠,2009)。因此,需要建立有效机制充分挖掘,逐步拓展职业院校教师、学生、企业员工和社会学习者的使用范围,并最终引导和促进各类资源建设,形成"边建边用""以用促建"的良好生态。包括:组建多元主体参与联盟,实现优质资源共建共享,打造资源库可持续发展(汪善锋,2011);完善学习成果认证制度,实现校际学分积累与转换;优化项目管理运行体系,深度融入教育教学全过程;完善用户激励机制,形成争相使用的良好氛围(王琪,2012);扩大宣传推广力度,打造品牌效应等。

**(五)资源库研究述评**

资源库自立项建设以来,已经带动了职业教育理念、学习方式和教学方法的变革,积累了形式多样、数量庞大的优质教学资源,吸引了数以百万计的职业院校师生、企业员工、社会学习者,为深化职业教育教学改革、服务国家战略实施提供了重要支撑。然而目前资源库在建设和应用中仍存在一些问题,仍有不少因素影响和制约着资源库的健康发展。研究关于资源库的文献发现,有的学者采用现状分析—提出问题—比较分析—解决问题的分析思路,进行问题研究并提出解决对策;也有的学者从历史维度对我国不同阶段资源库的发展进行分析;还有的学者从综述角度对我国资源库在建设和研究过程中取得的成果展开

分析和研究。为了能够明确今后的研究方向,助推资源库进一步建设发展,本书根据文献综述做如下述评:

1. 研究内容缺少对学习者主体的关注

资源库建设的初期目标为"作为促进专业教学改革、提高教学质量的重要抓手,扩大国家示范高职院校建设成果辐射效应"。从2012年起,目标要求逐年提高,包括"体现以学习者为中心的理念,满足学习者多样化的需求""资源要能够有效整合行业企业生产一线的优质资源""平台要具备学习过程管理的功能""更新机制要具有持续性""建立起科学有效的建设、应用与运行管理机制"等。可见,资源库建设目标逐渐强调资源建设的实用性、可用性和持续性,然而研究内容却表现出一定的滞后性。当前研究内容主要集中在解读资源库相关政策、论述资源库建设和应用过程中存在的问题以及解决对策、以具体专业为例探讨构建资源库的经验做法,但却缺少对学习者主体的关注和深入的研究。

2. 研究方法倾向于定性研究

结合文献研究发现,近年来,研究者们从资源库平台、资源、应用机制建设等不同角度对资源库相关问题进行了研究,旨在解决资源运行过程中特定的问题,属于典型的定性研究,或称为经验性研究,即经验的发现与总结。对资源库建设与应用成果的理论指导相对缺乏,对研究对象的分析和对研究过程的控制相对薄弱。经验性研究较多采用归纳而不是演绎的方法,研究资料主要是对文字的描述而不是对数量的分析,研究结论也多是针对特定的问题和对象(郭扬,1998)。经验性研究强调研究现象发生的整体性和自然性,没有一致的理论指导、研究规范和学术交流的语言,缺乏研究问题的共同基础。这样的成果在推广过程中会受到多种制约和限制,不具有普遍性和客观性。

## 二、三元交互决定论

三元交互决定论(Triadic Reciprocal Determinism)由社会认知论动机观的代表人物班杜拉(Bandura)提出,认为环境因素、行为因素和个人主体因素三方面相对独立且又交互作用,从而相互决定。其中,个人主体因素包括行为主体的生理反应能力、认知能力等身心机能。

社会认知理论由20世纪上半叶的机械论动机观以及60~70年代的认知论动机观发展而来(张爱卿,1999),相对于前两个理论,社会认知理论的优势地位更加突显。机械论动机观由需要层次论、驱力论、本能论和诱因论等组成(张爱卿,1999)。其中,当属斯金纳(Skinner)的强化论在教育领域中影响巨大。然而机械论动机观对行为的解释难免会出现偏颇,往往忽略了人的主观认知、情感和意志等因素。于是,从20世纪60年代开始,产生了认知论动机观。认知论动机观,主要由成就动机理论和归因理论等认知理论组成。成就动机理论代表人物阿特金森(Atkinson)认为,作为认知因素的目标期待对行为起着决定性的作用。韦纳(Werner)作为归因理论的代表人物认为,归因对后续行为具有动机作用,理应成为刺激和行为之间的中介认知变量。总之,认知论动机观不仅强调主体认知因素的动机作用,而且强调认知因素对主体行为的调节作用。社会认知论动机观的代表人物班杜拉,从环境、人、行为三元交互决定论的角度,深入研讨了自我效能感的形成条件、功能及其对行为的调节作用等。自我效能感理论既考虑了主体自身因素,又考虑了环境因素对主体因素和行为的影响,充分体现了"人—行为—环境"三元交互决定论的观点(Biggs,1979)。社会认知论动机观强调开展环境因素、学习动机与学习结果关系的整体性研究(范春林,2007)。勒温的场论同样认为"人的行为是环境与个体相互作用的结果",用公式可表示为 $B=f(P,E)$,其中 $B$ 是行为,$P$ 是个人,$E$ 是环境,$f$ 是函数关系(王维义,1996)。大部分心理学家也都认同这种"相互作用论",认为人的行为是由动机决定的,而动机是由需要决定的(王中立,1992)。也就是说,环境因素并不能完全决定人的学习行为,除环境因素之外,个人主体对环境中的人和事物的认知,也就是学习动机,更是学习行为的重要影响因素。

### 三、技术接受模型

在技术环境下,学生展开学习的关键点是其作为信息使用用户对信息环境的感知。当用户感知到该技术是易用的且有用的,用户就会拥有倾向于使用该技术的态度,用户就会拥有强烈的使用行为意向,从而最终倾向于接受该技术(明均仁,2013)。感知易用性是用户认为使用该技术的难易程度,感知有用性是用户认为使用该技术将提高其技能的程度。在心理学中,动机也是一种心理的动态的行为意向,是可以激发、引导和维持某种特定行为的力量,可以成为解释个体行为的原因(罗伯特,2013)。研究用户对信息技术的接受行为已经成为当代国外信息技术领域的一个高优先级研究课题。技术接受模型(Technology Acceptance Model,TAM),是戴维斯(Davis)在1989年基于理性行为理论首先提出的(图1-1)。该理论模型用来解释信息系统的低使用率问题,成为该领域比较活跃的一类研究课题。国内外学者为了探索在信息服务过程中用户接受与使用时遇到的各种问题,发现和改进信息服务过程中存在的不足,提升服务质量,应用技术接受模型分析不同信息技术环境下用户表现出的感知行为(Davis,1989)。明均仁等为探索图书馆用户在移动服务环境下接受与使用信息服务时面临的各种问题,发现和改进图书馆在建设和发展移动信息服务中呈现的不足,提高图书馆的移动服务质量,运用技术接受模型分析移动图书馆的用户感知行为。边鹏指出技术接受模型是一个比较精简的模型,为研究者进行后续研究明确了研究主线,即用户的使用行为意向和用户对该技术的环境感知决定了用户使用该技术的行为;同时,在对大量相关研究进行回溯的基础上提出技术接受模型的发展趋势。

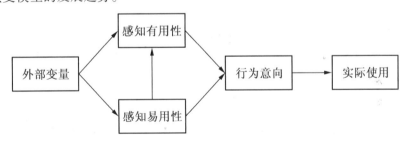

图1-1 技术接受模型(Davis,1989)

因此,基于三元交互决定论、理性行为理论及技术接受模型,可以假设学生对资源库学习环境的感知和学生的学习动机决定了学生使用资源库的学习行为。以下将对本书涉及的变量学习动机、学习环境以及学习行为做进一步文献综述。

## 四、学习动机

学习动机一直是教育心理学研究的热点和重点(Pintrich,2003),也是学生学习过程中最重要的心理动力机制(陶威,2012)。在我国,学习动机理论是在20世纪末被引进的,因此关于学习动机的研究大多是对国外先进理论的介绍,也有少量的实证研究,还处于研究的初级阶段。

### (一)学习动机概念界定

《教育大辞典》中将"动机"定义为:以一定方式引起并维持人的行动的内部唤醒状态。"学习动机"在《辞海》中的定义为:学习动机是促使人们去学习的动力。学习者学习得如何、是否积极学习都与学习动机有着直接关系。学习动机不仅能够对学习活动有促进作用、提高学习者的学习效果,还能够有效地产生学习行为。作为学生在学习过程中的核心要素,学习动机表现为对学习的愿望、意向或学习兴趣等。学习动机能够激发学生的学习热情,使学生能够积极地投入学习活动中,学习活动反过来又可以激发、巩固并增强学生的学习动机(韩敏霞,2009)。

### (二)学习动机类型划分

学习动机是在教育环境和社会环境的影响下逐渐形成的,不同的教育环境和社会环境对学生的期望和要求不同,因此学习动机便表现出复杂多样的特点(Pilip,2004)。在心理学中,按照不同的理论框架和原则对学习动机的类型进行划分,主要有以下三种:

第一,动机内容四分法。朱智贤根据学生学习动机的内容表现的特点将学习动机分为:学习动机不明确、为了履行社会义务、为了个人前途、为了国家与集体的利益等(朱志贤,1985)。

第二,个人取向成就动机和集体取向成就动机。余安邦根据文化特质的个人取向(个人主义)、社会取向(集体主义),将成就动机划分为个人取向成就动机和社会取向成就动机(余安邦,1996)。

第三,内部动机和外部动机。近年来,心理学家倾向于从动机产生的来源对动机进行划分,一方面是内在动机(Intrinsic Motivation),也称为内源性动机,是指由产生于个体内在的好奇心、兴趣或成就需要等内部原因引起的动机(张俊三,2003)。具有较强内部动机的学生会在学习的各个方面都表现出好胜心、积极性和独立性,能够从学习中获得较大的自信心、满足感与充实感,也喜欢去挑战一些新鲜事物;支持学习的另一方面动机是外在动机(Extrinsic Motivation),也称为外源性动机,是指由个体外在的奖惩以及担心考试不能通过等学习活动之外的原因引起的动机(皮连生,2001)。学生通过努力学习,并不满足于活动过程本身,而满足于活动之外的各种原因,例如获得学分、完成作业等。外部动机具有鲜明的强制性,会在学习目的达到后立即减退(宁良强,2009)。

**(三)学习动机的研究对象**

目前,国内对学习动机的研究大多是针对中学生及大学本科生开展研究,关于高职学生学习动机的研究还不是很多。相比于本科生,高职学生常常表现出缺乏学习动机和学习积极性(Deci,1991)。高职学生比普通高校学生具有更强的工具型动机,较强的外在动机与学习兴趣较低的内在动机又会产生冲突(林芸,2012)。研究显示不同年级的高职学生在学习动机上得分差异显著,二年级学生得分高于一年级学生(宁良强,2009)。分析其原因可能是学生在一年级刚入校时对所学专业、就业前景缺乏清醒的认识,因而暂时还没有激发学习动机,二年级学生在这方面会有一定的发展(刘淳松,2005)。关于高职学生学习动机的影响因素,研究者们大致归纳为需要、求知欲(王佳全,2007)、兴趣爱好、好奇心(张阳,2012)、学习经验(Manny,2001)等内部影响因素,以及教学环境、家庭环境、社会需求等外部影响因素(徐鹏,2010)。高职教育作为高等教育的重要组成部分,因为它的教育目标的指向性、教育过程的独特性以及教育对象的特殊性而理应被重视,所以调动学生在高职教育教学中的积极性,成为高职教育教学中的一个重要任务。

**(四)学习动机研究述评**

通过综述学习动机的国内外相关研究得知:

第一,就研究内容而言,国外始终坚持从学习者的根本需要出发,切实为学习者提供具体深入的服务,确立测量学习动机的主要指标、聚焦学习者交流与学习的动机影响因素,提出相应的激励措施,普遍运用定量研究与定性研究相结合的研究方法,明确了影响学习行为的重要因素,即作为教育教学主体的学生的学习态度、学习动机、学习能力、学习方法和知识水平等。其中,学生的学习动机又起着至关重要的决定性作用。因此,教师无论在传统教学环境下还是在网络教学环境下,都注重科学地运用动机激励策略,培养和激发学生的学习动机,使学生在学习过程中保持积极向上的学习兴趣和学习热情。

不同于国外研究者聚焦于学习者互动交流分析学习动机的影响因素,国内研究者多从内部和外部两个层面分析学习动机的影响因素,通过总结学习动机缺乏的现状同时进行原因分析,进而提出激发学生学习动机的策略。研究多从学习目标、学习计划、学习态度等方面考查学生学习动机的水平,提出的策略包括微观和宏观的学习动机激发策略,但有关学习动机激发策略实施效果的研究较少。尽管少数研究已经关注到在课程设计的整个过程中考虑学习者特征、学习目标、学习环境等学习动机的影响因素,但就如何针对影响因素培养学生的学习动机,进而提高学习效果的做法却没有呈现出过程化和系统化特点,还有待进一步深化研究。

第二,就研究对象而言,主要以在校本科生为主,尤其侧重理工科院校本科学生,还有一些针对中小学生群体,少数以职业院校学生作为研究对象,表现出研究对象涉及范围不均衡的现象。

第三,就研究方法而言,当前关于学习动机的定量研究方法大致包括学习动机量表、自我效能感量表、学习动机归因量表等,单纯的量化研究方法,使研究者无法深入理解影响学习动机的丰富的背景信息,而运用自然观察、非结构性访谈等定性研究方法便可以在一定程度上弥补定量研究的不足。且教育研究中的定量研究方法不仅要包括形式上的实验,还要包括按科学的实验方法设计和操作的实验,这样的研究结果才可以信赖并具有推广价值(邹霞,2006)。因此,当前关于学习动机的研究,定量研究与定性研究相结合的混合研究方法尚存在很大的发展空间。

## 五、学习环境

弗雷泽(Fraser)认为,只有对学习环境进行科学的测量,才能有效地帮助学生开展有效的学习(Fraser,1986)。以下将分别综述学习环境构成要素的研究、学习环境作为学习动机影响因素的研究、学习环境的动机设计模型等内容。

(一)学习环境构成要素的研究

关于学习环境构成要素的研究,主要存在着布朗的"五要素观"(Brown,1992)、柯林斯的"四要素观"以及埃德尔森和瑞泽的"三要素观"(杨南昌,2008)。上述三种"要素观"虽然存在某些差异,但是三者都具有一个共同点,即强调学习环境研究需要考虑学习支持、学习内容和学习的社会结构三个维度。其中,"学习支持"是指提供给学习者包括教学设计的资源、工具、示范、案例等在内的学习所需要的一切支持;"学习内容"是指包括教学设计的任务、活动内容和课程等在内的学习者所要学习的对象;"学习的社会结构"是指包括人—技术—空间结构、师生关系、生生关系等在内的,学习各个要素之间所构成的关系结构(尹睿,2011)。

(二)学习环境作为学习动机影响因素的研究

当前国内研究多数是通过调查的方式,了解学习者在学习环境下的学习动机状况以及学习动机影响因素。例如,在开放式问卷调查的基础上,利用技术接受模型(TAM)理论构建用户接受模型,探索分析潜变量,实证分析用户接受信息服务的主导影响因素(明均仁等,2014);通过问卷调查,分析中学生的学习动机及其影响因素,验证了影响因素主要来自三个方面:学生的自我效能、自信、自尊,对自己学习能力的看法,归因和控制以及家庭环境(石绍华,2002)。

经归纳,学习环境作为学习动机的影响因素,不仅包括学习者的年龄、受教育程度、自我效能感(郭玉娟,2015),以及学习者自身对网络课程的热情、兴趣(张立春,2016)、好奇心、需要、信息素养(杨思炜,2012)、认同感和自我归属感(冯锐,2005)等内部因素,还包括学习过程所必需的教学设备、学习内容、课程的难易程度、认知工具的学习支持程度、感知的有用性、感知的易用性、反馈与评价(桑宇霞,2014)、教师及其他学习者等外部因素。其中高职学生的学习动机与学校的教育环境和氛围存在显著差异(刘滨,2009)。总之,在以学习者为主体的课程学习中,学习效果不仅取决于学习者对学习资源的感知,还取决于学习者的个体特征(刘儒德,2004)。只有学习环境和过程与学习者的已有经验、学习动机、元认知能力、学习风格等学习者自身的特征相匹配,才能产生最佳的学习效果(郑德俊,2004)。

相对成熟的国外研究表明,学习环境是学生能否完成课程学习的主要影响因素之一(Kember,1989)。在传统学习环境中,教师、父母、同伴以及学习支持工具与学习动机均有正相关性(王佳权,2007)。教师的言语的或者非言语的亲近行为可以拉近在线课程参与者所感受到的心理的距离,有助于提升学习者的参与率和满意度(Hutchins,2003),增强学习者的学习动机(杜·舒尔茨,2001)。同时,学生在学习的过程中,受到父母、同伴共同的支持比只受到父母的支持对学习的帮助更大(Busato,1999)。此外,学习动机还可以通过文字处理软件、语法检查器、概念图工具、在线思考表以及参考软件(如维基百科)等实现(Lave,1991)。关于网络学习环境与学习动机的研究,20世纪下半叶国外学者们设计出了几种防止网络环境下学生流失的保持模型。最早研究高等教育学生保持率问题的文森特·廷托认为,学生选择完成或中止正式学习取决于学生融入学校学术体系的程度,这一体系包括知识发展以及由课程讲师、客座专家和同学组成的社会互动体系(Tinto,1975)。后来,大卫·肯博根据远程教育领域中学习者的典型特征扩展了研究,将影响要素扩展为学习者特征、学习者的目标、学习环境、社会或工作环境以及成本—效益分析。他认为,学生在决定是否完成课程或计划时会权衡所有这些因素(Kember,1989)。根据这些想法,艾尔弗雷德·罗瓦提出了一个解释学生流失的两阶段复合模型(Rovai,2003):入学前阶段,包含两个因素,一个是学习者特征,包括年龄和性别;另一个是学习者技能,比如计算机能力和阅读写作能力。入学后阶段,包含两个因素,一是外部因素,比如经济能力、时间限制和工作职责;另一个是内部因素,比如学术融合、社会融合以及自尊心。对这两个阶段的区分有助于学校管理者、教育者乃至学生识别出可能影响学生学习的因素,并且通过适当干预策略来消除这些因素。罗瓦的两阶段复合模型为研究者开展降低学生流失率的策略研究起到了非常有益的启发作用。柯蒂斯·邦克在对大量在线学习学生保持率相关文献研究的基础上,总结出导致在线学生流失的各种因素,并做出解释,这些因素分为:个人因素、课程相关因素和技术因素(Xu,2011)。从中可以看出,影响在线学习学生保持率的许多因素都与个人因素相关,这些个人因素包括学生的负担、动机、技能、背景、经验以及妨碍他们参与在线课程的个人处境。同时,邦克在文献研究的基础上,获得了学生、教师、从业人员和企业培训师等针对学生流失问题所提出的制度、教师(教学)和技术等不同层面的策略建议(Curtis,2016)。另外,为提高在线学习的学生保持率,学者们还从学习认知的角度考虑人类学习激励的问题,通过对学习理论的深入研究,挖掘其中存在的激励观点。在在线环境或面授课堂环境中,证明教师是奖罚的给予者,而学生只是被动的接受者,外部刺激物可以影响学生的学习动力(Ames,1989)。及时反馈被认为是确保有效教学与学习的关键原则(Vinne,2013),同时也被公认为是在线教师教学法的一部分(Butler,2003)。日本本科生课堂评估就是为学生提供持续的个性化反馈和评估,进而提升学习的动力(Brophy,2010)。同样,作为适应性学习平台,牛顿系统被整合到在线课程或混合课程中(Winne,2013),根据学生的学习曲线,提供定制的个性化内容和即时反馈,从而评估学生的学习内容及最佳的学习方式(Deci,1985)。为促进学习者的内在激励,自我决定理论在教育环境中的应用得到了扩展,其主要将学习者为中心的元素纳入面授课程和在线课程的设计中,例如对与学习者好奇心与自主性有关的游戏原理的研究等(McCombs,1994)。

**(三)学习环境的动机设计模型**

动机系统设计的思想是美国佛罗里达大学心理学家凯勒(Keller)于1979年在其《动机与教学设计理论视角》一文中提出的(张祖忻,2009)。动机设计模型有很多种,当前比较系统的包括:经典的维持并激发学生学习动机的 ARCS(Attention Relevance Confidence Satisfaction)动机设计模型、TC(the Time Continuum)时间统一体动机设计模型、内在动机设计模型等,这些理论及观点均产生于"社会认知观"发展阶段,它们在不同程度上影响着教学者的教学设计(杨开城,2002)。

1. ARCS 动机设计模型(图 1-2)

凯勒通过综合分析有关动机的相关研究后归纳出激发学习者学习动机的四个主要因素:注意力(Attention)、切身性(Relevance)、自信心(Confidence)和满足感(Satisfaction)。动机策略的设计过程主要也是围绕这四个因素展开的。ARCS动机设计模型强调:教师在进行教学设计时,还应当进行动机设计,即针对教学内容的特点和学生的动机状况设计动机激发策略,设法使教学过程能够引起并维持学生的注意,建立起学生与教学之间的切身性,使学生产生并维持对学习的自信心,为学生提供一种满足感,这样的教学就能够激发学生的学习动机(池丽萍,2006)。

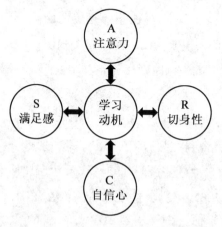

图1-2　ARCS动机设计模型(John Keller,1987)

2. TC时间统一体动机设计模型(图1-3)

沃特科沃斯基(Wlodkowski)经过在成人教育领域中长期且广泛的实践,综合多个动机理论的观点,形成TC时间统一体动机设计模型。该模型区别于其他设计模型之处在于,它强调在整个教学活动过程中培养学生的动机,在学习的初始、中期和后期阶段分别有两个产生影响动机的重要因素,依次为:态度、需求、刺激、情感、能力和强化,每个因素动态连续地存在于教学过程的各个阶段。

按照TC时间统一体动机设计模型,态度和需求是学习初始阶段影响学生学习动机的两个因素。对此他提出了包括清晰地阐释学习目标、帮助学生了解所学课程的要求等内容的激发学生积极学习态度的策略,这些策略是为了在学习的初始阶段,使学生能够轻松地进入课程的学习状态。与此同时,为了使即将开始的学习与学生已有的经验和知识建立联系,教师还应尽可能地对学生的学习需求给予关注,从而促进教学活动的开展。刺激和情感是在学习中期阶段影响学生学习动机的主要因素。为了使学生维持注意力、拥有学习体验、促使更高层次的思维活动,需要运用多种手段刺激学生。同时还需要通过与学生的积极互动激发学生的学习热情,为学生搭建一种情感氛围。在学习的最后期阶段,影响学生学习动机的主要因素是能力和强化。适时地反馈和评价,同时实施有效的强化策略,成为使学生增强学习自信心的重要手段。在学习的整个过程中,影响学习动机的六个因素:态度、需求、刺激、情感、能力和强化相互联系,共同构成学习动力机制。在学习的不同阶段每个因素所起的激励作用有所不同,需要系统考虑,忽略任何一个因素,都可能导致教学实施的失败(Raymond,2008)。TC时间统一体动机设计模型强调教学是一个促进学生获得积极学习和成功体验的系统,它是从内在因素与外在因素相互作用的角度来设计学生学习过程中的动机因素的。学习动机是学生在与系统中的教师、其他学生和环境等因素相互作用的过程中逐步被激发和提高的。

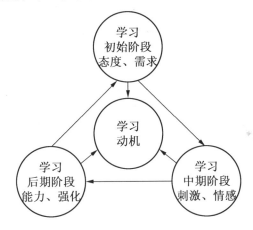

图1-3 TC时间统一体动机设计模型(Raymond Wlodkowski,1999)

3. 内在动机设计模型

马隆(Malone)通过对人们参与计算机游戏的动机展开实验研究,提出了内在动机理论,构建了内在动机设计模型。Malone根据个体的行为实施所能获得的回报角度,将动机划分为内在动机和外在动机。其中,内在动机又可分为个人动机和人际动机,个人动机包括好奇、挑战、幻想和控制,人际动机包括尊重、合作和竞争。Malone指出,正是由于存在内在动机,而不是由于外在的鼓励和报酬,人们才对游戏产生持续的兴趣(罗双兰,2004)。外在动机是指追求的目的和实质的奖赏,内在动机是指内心追求的快乐和满足(王梅艳,2008)。

## 六、学习行为

### (一)学习行为研究概述

行为,是指有机体在与环境的相互作用中产生的一系列活动和反应(庄科君,2009)。因此,学习行为是指学习者为获得某种学习结果,在某种类型动机的指引下,与学习环境进行的双向交互活动的总和。网络学习行为,是指学习者在网络信息技术环境下,在具有丰富的学习资源和全新的沟通机制的学习环境中,展开的远程自主学习行为(杨开城,2002)。本书中,学生使用资源库的学习行为与此处出现的网络学习行为略有区别,本书中的资源库学习行为特指学习者登录资源库学习平台、注册账号,并在其提供的学习平台和教学组织形式下开展的各种学习行为,具体包括登录平台、访问资源、参与各种学习活动、完成学习评价、与老师和同学进行在线互动等行为。

### (二)学习行为与学习动机研究

学习动机是激发学生学习热情的内在动力。学习动机支配学习行为(骆虹,2013)。学习动机是动态变化和发展的,它可以通过一定的途径进行激发、维持和强化。随着人们对动机理论不断深入地研究和拓展,关于动机策略的研究也在向更深层次发展,旨在通过动机策略激发学习动机,进而促进学习者的学习行为。

近年来国内研究者们针对不同的对象、不同的环境、不同的学科提出了相应的动机激励策略,有研究提出适合中国学生的 17 条学习动机策略(李金红,2009)。诸多动机激励策略的研究都强调了包括学习情境、目标设置、学习者兴趣培养、学习者自信心培养、任务安排、外部奖赏等在内的一些共性观点(王志敏,2015)。国外相关研究表明:动机的过程包括产生动机的基本条件,动机的产生、维持和激励四个阶段,在每个阶段均应有相应的激发策略(Woods,1996)。动机水平良好的学生能表现出积极的自我指导和自我监控,有利于形成有效的学习策略(Biggs,1994)。动机策略是实现个体目标所涉及行为的必要手段,为了促进学生更好地学习,教师们可以充分运用动机策略(Dnrnyei,2001)。研究者们分别从内在动机、外在动机以及两者相结合等不同角度提出激发学习者学习动机的教学策略。相关研究者指出,为了避免对学生的内在学习动机造成负面影响,教师应尽量控制使用物质奖励和惩罚等外部刺激手段(Raffini,1996),而应充分利用内在动机与外在动机相结合的方式激发学生的学习动机,促进学生的有效学习(Slavin,2004),包括及时设定合适的学习目标以提高学生的内部动机(Zimmer,2000),以及通过激励、鼓励等措施来提高外部学习动机(Singh,2012)。另有研究者在总结以往动机策略研究成果的基础上得出7项研究结论:一般原则、树立学生学习信心的策略、促进学生学习动机的策略、激发学生内在动机的策略、激发学生外在动机的策略、配合学生的个体需求和教师作为激励者的发展(Brophy,2010)。事实上,学习者的内在激励与他们的参与率显著相关,从而与他们的整个学习过程显著相关。内在激励型学习者的参与率是外在激励型学习者的两到三倍(Hart,2011)。另外,对学习结果的内部归因以及元认知能力也是影响学习者是否坚持在线学习的重要因素,相关研究者建议在线课程的教师在学生学习的初始阶段要评估这两个因素,以便根据学生的学习需求定制个性化的课程(Lee,2012)。

通过综述职业教育专业教学资源库、三元交互决定论、技术接受模型、学习动机、学习环境及学习行为相关研究,得出以下结论。

1. 亟须对资源库学习者的学习行为及其影响因素给予关注

资源库项目作为职业教育改革的综合项目、"互联网+职业教育"的落地项目、面向全校的示范项目、面向全国的引领项目,项目建设目标并不是为了通过验收,而是面向未来的长期工程。因此,需要不断建设、不断充实、不断总结、不断完善、持续更新,需要长期建设应用的保障,更需要树立"全生命周期"的理念持续开展理论研究。同时,资源库建设的出发点和落脚点都是为了提高人才培养质量。因此,资源库要以人为本,以教师、学生、企业员工和社会学习者为本,要从学生学习、教师教学、企业员工自学、社会学习者自学等各方面考虑资源库项目建设方案。然而,当前从教育学、教育心理学原理角度关注学习者主体,并对学习者的内在和外在特征做深入研究的比较少,缺乏职业教育理论和方法体系的支持,也缺乏学习科学的支撑。如前文所述,资源库的学习者以学生学习者为主。因此,亟须基于三元交互决定论、理性行为理论等,关注资源库学习环境、学生对环境的感知以及学生的学习行为,探寻三者之间的关系,采取相应的措施优化资源库,提高优质教学资源的利用率。

2.需要运用定量研究与定性研究相结合的混合研究方法

与普通教育研究相比,职业教育由于专业多样、环境多变等,更加讲求研究的多样性、科学性和高效性,需要在理论和具体实践中正确运用恰当的教育科学研究方法,拉近理论与实践的距离,使研究结论具有普遍性、客观性和可推广性,化解资源库建设与应用的困境。因此,在今后的研究中应做到:首先,明确研究目的与对象,使因果关系具有可操作性,确定研究自变量的个数和水平,还要明确估计教育研究所需要的人力、财力、持续的时间、测量与统计工具等;其次,采取定量研究与定性研究相结合的混合研究方法,通过定性分析与定量分析的相互统一和补充,针对研究的问题收集数据资料、分析数据资料并得出研究结论;最后,教育研究还要在解释现象即得出研究结论的基础上,进行社会化阐释,尽可能地联系实际问题提出建议或对策。

# 第二章 研究设计

研究设计是在研究问题提出之后,根据研究问题,对研究过程流程图上的其余步骤及其相互联系的一个总体规划。其目的是保证研究问题得到有效回答。同时,研究设计也是根据研究问题选择一种或几种基本研究方法的过程,包括实验法、调查法等,然后根据这些基本研究方法获得的数据的特点,设计相应的定量或定性分析手段。根据这一思路,本章将详细阐述拟采用的研究框架,以及依据前述的研究问题拟采用的各种研究方法。

## 第一节 研究框架

### 一、假设模型

为了便于后续分析,本章将首先讨论拟采用的概念框架。由第一章对三元交互决定论及技术接受模型等相关文献的综述得知,在技术环境下,学生展开学习的关键点是其对信息环境的感知。当学生感知到使用该技术是易用的且有用的,学生就会拥有倾向于使用该技术的态度,学生就会拥有强烈的使用动机,从而最终倾向于接受该技术。学生的使用动机和对该技术的环境感知决定了学生使用该技术的行为。其中,学习动机不仅促使学习者主体与学习环境之间互动的持续,也同时是学习行为动力系统中的重要组成部分。学习过程能够得以顺利展开,学习动机切实发挥出了导向、推动和维持的作用。在传统的课堂学习过程中,学习动机的高低能够直接影响学习进程的持久性和稳定性,学生的动机支配学生的学习行为、激发学生的学习热情,在很大程度上学生学习动机的持续性决定了其能否在下一阶段进行有效学习。在网络学习环境下,学生需要掌控自己的学习行为,学生的学习过程不会受到讲授者从始至终的监管,学生的学习动机所起的作用比在传统课堂学习环境中所起的作用更大。可见,学习环境感知与学习动机都是资源库学生学习行为的重要预测变量,学习环境感知、学习动机对学习行为具有积极影响。因此,本书的概念框架将建立学习环境和学习动机对学习行为的影响关系。

本书的模型假设为:学生感知的学习环境越好,学习动机水平越高,学习行为也就越有效;学习动机可能是学生感知的学习环境和学习行为的中介变量。本书的概念框架——资源库学习情况的"环境—动机—行为"假设模型如图2-1所示。

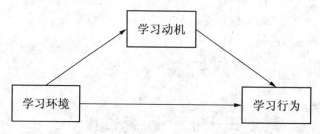

图 2-1 资源库学习情况的"环境—动机—行为"假设模型

本书的实验假设为:针对学生的资源库学习行为的影响因素,提出优化资源库学习环境的策略。通过一段时间的实验处理,学生感知的资源库学习环境、学习动机及学习行为与资源库优化策略实施前相比,均表现出统计学意义上的显著差异,进而得出实验结论,即资源库优化策略实施有效。本书的实验模型——资源库学习情况的实验模型如图2-2所示。

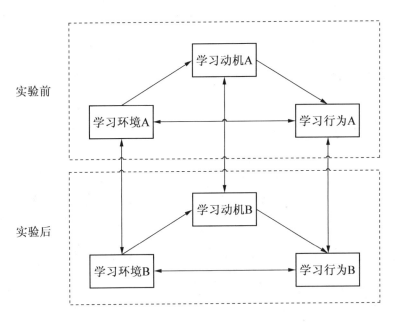

图 2-2 资源库学习情况的实验模型

## 二、研究问题

基于上述研究模型,本书研究的具体问题描述如下:
(1)学生使用资源库学习的行为究竟如何?
(2)学习环境感知、学习动机和学习行为三者的关系如何?
(3)在学习环境感知和学习行为之间是否存在学习动机的中介效应?
(4)如何优化资源库?
(5)资源库优化前后,环境感知、学习动机和学习行为是否得到显著提高?

## 三、研究路径

社会科学研究(包括教育研究)不仅包括科学研究的常规步骤:提出研究问题、针对研究问题收集数据资料、分析数据资料和得出研究结论等,还包括要在解释现象及得出结论的基础上,进行实践检验,并尽可能地联系实际问题提出建议或对策,在社会实践检验后有可能又提出新的研究问题(张红霞,2009)。据此,围绕如何让学生更好地利用资源库进行学习这一实际问题,通过课堂观察和文件检索与阅读提出研究假说,通过文献综述明确研究问题,针对研究问题展开问卷调查和访谈调查。整理分析数据,提出资源库优化策略,通过准实验研究验证优化策略的实施效果,进而得出研究结论。本书结构流程图如图2-3所示。

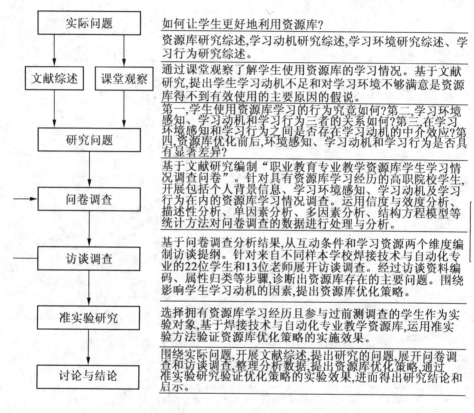

图2-3 本书结构流程图

## 第二节 研究方法

一项研究的科学性和其对知识的贡献主要体现在数据资料收集的整个环节(张红霞,2009)。为了能够有效结合量化研究方法与质性研究方法各自的优势,本书将运用"第三种教育研究范式"——混合研究方法(Mixed Method,MM)进行数据资料收集。

## 一、研究方法概述

混合研究方法是量化和质性研究方法之后产生的"第三条道路"(Gorard,2004)、"第三次方法论运动"(Teddlie,2003)、"第三种教育研究范式"(Johnson,2004)。混合研究方法以实证主义和系统科学为理论基础(张绘,2012),能够有效结合量化研究与质性研究各自的优势,在一个研究中同时采用两种研究设计,既允许研究者建立因果关系,产生可信和一般化的数据,又可以在彻底深入地理解获得的资料的基础上产生丰富的描述性资料(Onwuegbuzie,2006),以寻找和阐明更加清楚的结果。

针对学生不能很好地利用资源库进行学习这一现实问题,以下将进行研究设计,运用混合研究方法,在采集量化数据的同时对所调研的对象开展深入的观察和访谈等质性研究,同时对量化和质性数据进行收集和分析。在整个研究过程中,量化研究方法和质性研究方法同等重要。

### (一)量化数据的收集和分析

本书主要采用调查研究法获得量化数据,对初步归纳的影响因素进行完善,确定影响因素的构成。

**1. 问卷调查**

基于文献研究编制"职业教育专业教学资源库学生学习情况调查问卷",调查在资源库学习过程中影响学生学习行为的因素。问卷调查的优势是能够限定被试对有关信息的回答,能够简化数据处理的过程。同时,为了更全面地对影响资源库学生学习行为的因素有所了解,还将对一些参建学校的专业教师和学生开展深入的访谈调查,同时对学生的课堂学习行为加以观察,从而补充调查问卷中无法直接反馈的信息线索。

**2. 统计分析**

根据前述调查研究所获得的数据,使用SPSS专业数据统计软件对所获数据及资料进行数理统计和分析,形成初步定量结论。研究过程中将运用到配对样本T检验的统计方法,分析学生学习行为(因变量)的变化,检验两个具有正态均值的统计值是否有显著差异;还将运用到非参数检验统计方法,非参数检验统计方法与参数检验统计方法共同构成统计推断的基本内容,是统计分析方法的重要组成部分之一。非参数检验统计方法是在总体方差未知或甚少知之的情况下,运用样本数据推断总体分布形态的方法(卢纹岱,2010)。因为本书的前测和后测样本来源于分布未知的两个总体,要检验这两个独立样本之间是否具有相同的分布,就要用到两个独立样本的非参数检验,检验从不同总体中抽取的两个独立样本之间是否存在显著差异,零假设是两个独立样本分别来自的总体分布无显著性差异。考虑到研究中还需要明确多个原因、多个结果之间的复杂因果关系,或者需要明确某些不可以直接观测到的变量(即潜在变量),本书中还要用到多元数据分析的重要工具——结构方程模型(Structural Equation Modeling,SEM),并运用 AMOS 专业数据统计软件进行深度分析(Herhberger,2003)。

3. 实验研究

实验是一种在高度控制的条件下,通过精心设计并操纵某些因素,研究变量与变量之间因果关系的方法(风笑天,2017)。本书针对学生的资源库学习行为影响因素(自变量),实施相应的实验处理,取得一定的实验处理效果,于是将对严格配对的若干样本采取配对样本 T 检验,分析学生学习行为(因变量)的变化,检验两个具有正态均值的统计值是否有显著差异。通过实验数据的对比,验证资源库优化措施的实施效果,得出实验结论,提出资源库优化策略,为资源库的良性建设和发展提供科学实用的依据。

实验操作过程可用下式表示:

$$Y0 \rightarrow X0 \rightarrow Y$$

其中,前测结果为 $Y0$,实验处理为 $X$,被试为 $0$,$X0$ 表示被试接受了处理,后测结果为 $Y$,则整个实验结果 $C = Y - Y0$。考虑到研究的信度、效度和现实的可操作性,本实验研究可以认定为准实验研究。

(二)质性资料的收集和分析

在本书中,质性研究主要包括研究者与被试者的单独访谈、在课堂环境下对访谈对象进行一段时间的观察,以及与访谈对象的群组讨论。

1. 访谈调查

在访谈调查之前,首先设计访谈提纲,然后针对访谈提纲对资源库项目建设者(教师为主)及学习者(学生为主)展开个别的或群组的、半结构的、当面形式的访谈,并通过电话或网络对某些被调查对象进行后续调查,印证问卷调查的结果,进而根据最终结果展开资源库的改进实验。在访谈调查研究中,内容分析作为一种主要的分析技术,通过分析文本内容发掘重复出现的语言词组,进而分析不同主题和分类(Patton,2002)。

2. 课堂观察

课堂观察是适合于研究课堂情境的重要研究方法,也是课堂研究最基本、最经常的方法之一,能为教育决策与教育评价提供较为客观的依据(沈毅,2008)。通过对访谈对象进行一段时间的观察,对课堂的实际运行状况进行记录、分析和研究,并基于此获取促进教师专业发展的课堂活动以及改善学生课堂学习的行为活动。有关课堂观察的内容,将在研究工具部分进行具体阐述。

(三)量化研究与质性研究相结合

"混合研究合成"作为混合研究方法的一个研究步骤,可以结合量化研究和质性研究的结果从而形成一系列的研究结论(Sandelowski,2004)。在本书中,一方面,采用相关分析、回归分析及结构方程模型测量和确定可量化的资源库学生学习行为的影响因素,包括资源库的学习环境及学生的学习动机;另一方面,深入分析访谈调查资料,做到理解和细化一些潜在的影响因素。因此,为了能够从不同的角度更好地研究学生使用资源库学习的情况,结合量化研究与质性研究两种研究方法,回答同一个研究问题的不同方面。

## 二、研究工具

在明确了运用量化和质性相结合的研究方法后,便需要关注研究对象(个体或群体)某特征的大小、类型等,此时就要进行测量。教育学常用的测量工具可分为量表和问卷。其中,量表只能测量一个变量,而在本书中涉及对学习环境的感知、学习动机及学习行为等一系列变量因果关系的确定,因此主要运用问卷这种测量工具。同时,辅助运用访谈提纲及课堂观察量表等。

## （一）调查问卷

问卷调查法是指对较大的人群样本以提问的方式获取数据资料，从而对所关心的研究问题的现状进行统计性的描述、评价、解释和预测的研究方法。本书将开发学生的资源库学习情况调查问卷，收集相关数据，对数据进行深入分析，回答研究的问题，达到研究目的。

### 1. 调查问卷的编制

为了在研究问题与获得数据之间建立联系，需要构建调查问卷的概念框架（张红霞，2009），同时将抽象的概念转化为可观察、可测量的具体指标，即对概念进行操作化。通常采取两种方式，第一种方式是寻找和利用前人已有的指标，对不完全适合的地方进行适当的修改和补充；第二种方式是采用实地观察或无结构式访问的方式开展探索性研究（风笑天，2017）。本书中的调查问卷结合以上两种方式，在借鉴已有调查问卷的基础上编制"职业教育专业教学资源库学生学习情况调查问卷"，其中包括对个人基本情况、学习环境感知、学习动机、学习行为在内的资源库学生学习情况的调查。

（1）个人基本情况。

学生的个体差异，包括智力、学习基础以及家庭背景等基本情况方面的差异（徐国琴，2011）。基本情况在英文里用 demographic feature 表示，常常译为"人口统计学特征"，具有生理特点、社会特点、经验和地理特点等（刘长茂，1991）。例如性别、年龄、学校、学科、生源地、家庭经济条件、智力水平等变量，它们在实验方法里又被称为"有机变量"。几乎所有问卷都包含被调查者的"基本情况"，一般位于问卷的开头部分。这类变量的意义主要有两点：第一是进行样本描述，可以将样本的分布（如性别分布）与总体的分布进行相似性检验，以判断样本对总体的代表性；第二是进行变量控制，即在有机变量取不同值时，对因变量的差异显著性进行检验，如学生的满意度是否因年龄而变化、因学校而变化、因学科而变化（张红霞，2009）。为了便于与后测问卷调查相关信息匹配，本书中的"基本情况"部分依据人口结构学理论，结合职业教育专业教学实际情况，获取的内容包括姓名、学号、性别、所在区域、所在学校、所在专业、入学起点等。

(2)学习环境感知。

在已有学习环境研究"要素观"的基础上,结合职业教育专业教学资源库学习环境实际,本书拟从"感知的学习支持"和"感知的学习内容"两个维度编制资源库学习环境调查量表。该量表共 11 道题,具体用以测量资源库学生对学习环境的感知,选项设置为"完全不符合,大部分不符合,有点不符合,有点符合,大部分符合,完全符合",分别计为 1~6 分。

(3)学习动机。

在心理学中,动机是一种动态的心理意向,是驱动人产生各种行为的原因。人的行为复杂,其行为背后的原因不易解释。心理学家在研究心理现象时,直接观察到的是外界施加的刺激和机体(人与动物)做出的反应(行为)。至于包括人在内的机体为何会出现如此的行为,在心理学范畴,回答涉及行为起因的问题时便会假设一个中间变量,即动机,以解释行为的起因和动力(皮连生,2001)。

"学习动机"是一个多层次、多维度的心理结构,在《辞海》中定义为"促使人们去学习的动力"。学习动机由外界的诱因引发,结合个人自身的需要,而在个体心理上产生一种持续、稳定、强有力的推动力。学习动机虽是内隐的认知调控的,但能够通过外在表现进行测量(王志敏,2015)。在借鉴、综合已有文献的基础上,结合访谈调查和课堂观察所获得的资料,本书将"网络环境下高等职业教育专业教学资源库学生学习动机"界定为"激发高职学生使用专业教学资源库学习的理由",包括内部动机和外部动机。

其中,内部动机是指学生对学习本身产生兴趣、爱好、好奇心、求知欲等转化而来的学习动力,具有更大的自觉性、积极性和主动性。动机的满足在于对活动本身感兴趣,而不在学习活动之外。行动本身就是一种动力,它不需要来自外界的因素来使行动指向目标。具有内部动机的学生具有好奇心,喜欢挑战,在解决问题时具有独立性,能够积极地参与学习过程,他们在学习活动之中能够得到相应的满足,并且他们在教师给予其评价之前就能够对自己的学业表现有所了解。内部动机主要体现在两个方面:一方面是对学习活动本身的趣味性的感悟,例如在专业课程中某些生动有趣的案例能够激发学生的学习兴趣和学习热情;另一方面强调学生自身能力的提升,如果学生把专业课学好看作是自己专业技能的增强、自身能力的提高,那么他就会自发地努力学习。如果每当学生掌握一种新的专业技能时,他就会兴奋地想把这种技能运用于实践中,这种现象就是自我能力的表现,是内在动机的驱使(李祖超,2008)。外部动机是指学生的动机满足是由外部诱因所引起的,是对学习所带来的结果感兴趣,而不在学习活动之内。具有外部学习动机的学生,往往表现为学习积极性不高,学习兴趣较弱,不愿意主动学习,不愿意刻苦钻研,学习无计划性,不会科学利用学习时间,学习不求甚解,无法形成知识结构等。具有外部动机的学生满足于学习活动之外的奖赏,包括内部奖赏(自豪感和成就感)和外部奖赏(表扬和分数)的结合。为了达到目的,他们往往采取避免失败的做法(龚云,2010)。

本书采用田澜编制的"大学生学习动机问卷",该问卷包含两部分内容:内部学习动机和外部学习动机。内部学习动机包括求知兴趣、能力追求两个方面;外部学习动机包括声誉获取和利他取向两个方面。"资源库学生学习动机量表"共9道题,具体用以测量资源库学生的学习动机,选项设置为"完全不符合,大部分不符合,有点不符合,有点符合,大部分符合,完全符合",分别计为1~6分。

(4)学习行为。

根据对行为的理解以及对资源库学习行为的定义,参考借鉴彭文辉的"网络学习行为调查问卷"(彭文辉,2012)和孙月亚的"学习者在线学习行为要素"(孙月亚,2015),将"资源库学习行为量表"划分为:资源访问、活动参与、任务完成3个维度。该量表共12道题,具体用以测量资源库学生的学习行为,选项设置为"完全不符合,大部分不符合,有点不符合,有点符合,大部分符合,完全符合",分别计为1~6分。其中:

①资源访问:包括文本、视频等多种类型资源的访问方式、访问量、访问率、访问偏好等。

②活动参与:参与网上学习活动的情况,主要包括参与论坛帖子、交互专区等的互动情况。

③任务完成:在线任务完成情况,如随堂测试、在线作业完成情况等。

## 2. 探索性因子分析

就使用目的而言,因子分析(Factor Analysis)可分为探索性因子分析(Exploratory Factor Analysis,EFA)与验证性因子分析(Confirmative Factor Analysis,CFA)。EFA 与 CFA 两种分析方法之间的不同之处在于,在统计分析过程中,测量理论架构所扮演的角色与检验的时机不同。以 EFA 为例,变量测量的理论架构是因子分析之后的产物,因素的结构是由研究者从一系列独立的测量指标或者题项之间,通过主观判断来决定一个具有理论适切性与计量合理性的结构,同时以该因素的结构来代表所测量的概念内容或构念特性,也就是说,在 EFA 程序中理论架构的出现是一个事后概念。为了达到筛选指标的目的,本部分将采用探索性因子分析了解后预测问卷的内部结构,进而分析观测变量是否能够很好地测量潜变量。首先,根据 KMO 适应性检验和 Bartlett 球形检验判断资料是否满足条件,KMO 值越大则越适合因子分析。一般认为 KMO 应该在 0.70 以上。当 Bartlett 球形检验拒绝 H0 时,表示各个条目之间的相关系数矩阵不是单位矩阵,适宜进行因子分析。

因为在变量的每个维度内还会存在低阶因子,所以对变量的每个构面单独进行因子分析会更有利于观察。统计分析表明,学习环境、学习动机及学习行为 3 个变量各个构面的 KMO 值全部大于 0.70,Bartlett 球形检验结果全部为 $P<0.001$,具有统计学意义上的显著效果,因此其符合因子分析的条件。抽取因素和删除题目需按照下列标准进行:参照碎石图抽取特征值大于 1 的因素、至少在任一因素的负荷值大于 0.40、将在两个因素以上负荷均较高且近似的条目删除。

根据上述原则,采用主成分分析法提取因子,进行因子负荷矩阵使用最大方差法(Varimax)正交转轴旋转求出,项目的选取标准为因子负荷量不小于 0.40,因子的提取标准为因子特征值大于 1(张文彤,2002),最终完成预测问卷的探索性因子分析。

(1)学习环境量表的探索性因子分析。

通过项目分析发现,"资源库学习环境量表"中的 11 个项目中除 3 个项目外,其他项目均达到显著,说明项目之间有较高的鉴别力,因此可保留 8 个项目。探索性因子分析统计结果显示,KMO 统计量为 0.876,Bartlett 球形假设检验的统计量为 872.867,$df=28$,$p=0.000$,统计结果说明数据样本适合进行因子分析。经过最大方差正交旋转,根据因子的提取标准即因子特征值大于 1,得出探索性因子分析结果,有两个因子的特征值大于 1,累计解释变异量为 61.0%,说明可以提取出两个因子,于是因子命名结果为:因子 1"感知的学习支持",是指学习者感知到的包括教学设计的资源、工具、示范、案例等在内的针对学习内容所需要的一切支持,以及包括人—技术—空间结构、师生关系、生生关系等在内的,学习各个要素之间所构成的关系结构(包含题目 1、2、3、4、5);因子 2"感知的学习内容",包括教学设计的任务、活动内容和课程等在内的学习者感知到的资源库学习对象(包含题目 6、7、8)。因子负荷旋转矩阵见表 2 - 1。

表 2 - 1  最大方差正交旋转后的学习环境因子成分矩阵

| 题 目 | 因子 | |
|---|---|---|
| | 感知的学习支持 | 感知的学习内容 |
| 各种素材资源方便下载,能让我随时随地地进行学习 | 0.748 | — |
| 即时的评价与反馈可以让我及时调整自己的学习 | 0.740 | — |
| 老师能够随时在线指导学习,提高了我的学习积极性 | 0.707 | — |
| 有很多机会与老师在线交流互动 | 0.673 | — |
| 资源库的评价方式,更有助于检测学习效果 | 0.668 | — |
| 学习内容的难度安排难易适中 | — | 0.824 |
| 学习活动的设计紧扣学习内容 | — | 0.776 |
| 资源库中包含的内容能够满足学习需要 | — | 0.736 |
| 解释的方差/% | 34.284 | 26.731 |
| 积累解释的方差/% | 34.284 | 61.015 |
| 各因子的信度系数 | 0.806 | 0.768 |
| 整体的信度系数 | 0.847 | — |
| $N=333$(有效) | — | — |

(2)学习动机量表的探索性因子分析。

通过项目分析发现,"资源库学习动机量表"中的 9 个项目中有 8 个项目达到显著,说明项目之间有较高的鉴别力,因此保留 8 个项目,对 1 项进行删减。探索性因子分析统计结果显示,KMO 统计量为 0.835,Bartlett 球形假设检验的统计量为 807.898,$df=28$,$p=0.000$,统计结果说明数据样本适合进行因子分析。经过最大方差正交旋转,根据因子的提取标准即因子特征值大于 1,得出探索性因子分析结果,有两个因子的特征值大于 1,累计解释变异量为 61.2%,说明可以提取出两个因子,于是对它们做如下命名:因子 1 "内部动机",包括对学习活动自身趣味性的感悟等,以及把学好专业课看作是能力的提高、专业技能的增强,于是就会不断地自发努力地学习(包含题目 1、2、3、4);因子 2 "外部动机",是指学生的动机满足是由外部诱因所引起的,是对学习所带来的结果感兴趣,而不在学习活动之内(包含题目 5、6、7、8)。因子旋转后的矩阵见表 2-2。

表 2-2 最大方差正交旋转后的学习动机因子成分矩阵

| 题 目 | 因子 | |
|---|---|---|
| | 内部动机 | 外部动机 |
| 我希望利用资源库提高自己的专业技能 | 0.807 | |
| 通过资源库学会一种新技能时我会感到很兴奋 | 0.803 | |
| 资源库能够满足我的自主学习需要 | 0.779 | |
| 我乐意学习资源库提供的各种资源 | 0.705 | |
| 我想利用所学知识去参加技能大赛,为学校争光 | | 0.794 |
| 因使用资源库学习而得到老师表扬时我会感到很满足 | | 0.782 |
| 资源库中紧贴学习主题的内容利于我完成老师布置的任务 | | 0.699 |
| 我试图通过资源库来提高专业学习成绩 | | 0.669 |
| 解释的方差/% | 32.742 | 28.508 |
| 积累解释的方差/% | 32.742 | 61.250 |
| 各因子的信度系数 | 0.801 | 0.756 |
| 整体的信度系数 | 0.805 | |
| $N=333$(有效) | | |

(3)学习行为量表的探索性因子分析。

通过项目分析发现,"资源库学习行为量表"中的12个项目均达到显著,说明项目之间有较高的鉴别力,因此可保留所有项目,无须对其进行删减。探索性因子分析统计结果显示,KMO统计量为0.868,Bartlett球形假设检验的统计量为1381.002,$df=55$,$p=0.000$,统计结果说明数据样本适合进行因子分析。通过最大方差正交旋转,根据因子的提取标准即因子特征值大于1,得出探索性因子分析结果,有3个因子的特征值大于1,累计解释变异量为63.2%,说明可以提取出3个因子,于是对它们做如下命名:因子1"资源访问",包括对文本、视频等多种类型资源的访问量、访问方式、访问率、访问偏好等(包含题目1、2、3、4、5);因子2"活动参与",主要是指参与交互专区、论坛帖子等网上学习活动的情况(包含题目6、7、8);因子3"任务完成",是指在线任务完成情况,如随堂测试、在线作业完成情况等(包含题目9、10、11)。因子旋转后的矩阵见表2-3。

表2-3 最大方差正交旋转后的学习行为因子成分矩阵

| 题 目 | 因子 | | |
|---|---|---|---|
| | 资源访问 | 活动参与 | 任务完成 |
| 下课后我会及时使用资源库进行复习 | 0.787 | — | — |
| 上课时我会根据老师讲解,检索资源库中相关内容 | 0.740 | — | — |
| 遇到不懂的问题,我会及时通过资源库寻找答案 | 0.738 | — | — |
| 课前我会在资源库中浏览老师即将讲解的知识 | 0.708 | — | — |
| 课后我会经常登录资源库学习专业知识 | 0.613 | — | — |
| 在资源库中遇到有用的信息时,我会转发给同学 | — | 0.842 | — |
| 在使用过程中遇到疑问时,我会首先在资源库论坛中提问 | — | 0.802 | — |
| 我经常使用资源库的论坛发帖 | — | 0.623 | — |
| 经常使用资源库在线完成作业 | — | — | 0.844 |
| 经常使用资源库完成老师布置的随堂测试 | — | — | 0.805 |
| 我会先参考学习目标再学习课程内容 | — | — | 0.527 |
| 解释的方差/% | 26.594 | 18.531 | 18.0737 |
| 积累解释的方差/% | 26.594 | 45.125 | 63.198 |
| 各因子的信度系数 | 0.838 | 0.707 | 0.730 |
| 整体的信度系数 | 0.867 | | |
| $N=333$(有效) | | | |

3. 验证性因子分析

前文已经分别对学习环境、学习动机和学习行为3个量表进行了探索性因子分析,以下将利用另一半调查数据,即后测获取到的299份有效样本,采取建模的方式对探索性因子分析的结果进行验证。对比上述内容,EFA是要建立量表或问卷的建构效度,而CFA则是要检验此建构效度的真实性与适切性。进行CFA检验时则必须以特定的理论观点或概念架构作为基础,然后借由数学程序来确认、评估该理论观点所导出的计量模型是否适当和合理。计量模型是具有先验性的,理论架构对CFA的影响是在统计分析之前发生的(邱皓政,2005)。CFA作为一种结构方程模型的统计技术,能够帮助我们了解量表中各个维度(因子)与题目的从属关系的合理性和正确性(侯杰泰,2006)。CFA属于SEM的一种次模型,为SEM分析的一种特殊应用。因为SEM的模型界定具有高度的理论先验性,能够分析与处理潜在的变量,所以如果研究者借助SEM的分析程序,针对潜在变量的内容和属性能够提出适当的测量变量进而组成测量模型,也可以对潜在变量的结构或影响关系进行有效的分析。于是而言,CFA不仅是进行整合性SEM分析的前置步骤或基础架构,而且CFA也可以独立地进行分析和估计(周子敬,2006)。因为,相对而言,RMSEA(Root Mean Square Error of Approximation,近似误差均方根)、SRMR(Standardized Root Meansquare Residual,标准化残差均方根)、IFI(Incremental Fit Index,增值拟合指数)、NNFI(TLI)(Non-Normed Fit Index,非范拟合指数)、CFI(Comparative Fit Index,比较拟合指数)5个指标受样本容量影响比较小,是比较稳定的拟合指标。本研究将这5个指标作为评价数据良好与否的适配模型的关键指标(侯杰泰,2006),也称为拟合优度指数(Goodness of Fit Index)。这5个指标的判断标准为RMSEA<0.08、SRMR<0.08、GFI>0.90、NNFI(TLI)>0.90、CFI>0.90。

(1)学习环境量表的验证性因子分析。

通过对学习环境量表采取验证性因子分析,获得量表的稳定测量模型中包含"感知的学习支持"与"感知的学习内容"两个潜在变量,验证了量表的编制构想。两个潜在变量包含的题目数量分别为5和3。模型的适配度检验结果如下:N=299,RMSEA=0.051,SRMR=0.036,IFI=0.978,TLI=0.969,CFI=

0.978。具体因子结构如图2-4所示。总体看来,模型的关键拟合指标均达到适配标准(表2-4)。

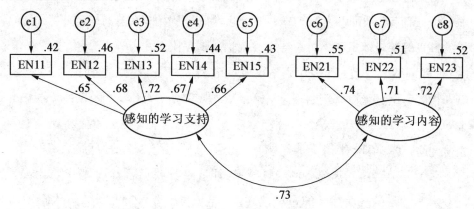

图2-4 学习环境量表验证性因子分析结构图

表2-4 学习环境测量模型数据结果

| | 样本 | | | 判断标准 |
|---|---|---|---|---|
| | $N$ | 299 | | 无 |
| 标准化负荷 | 感知的学习支持 | EN11 | 0.646 | 0.5~0.95 |
| | | EN12 | 0.677 | 0.5~0.95 |
| | | EN13 | 0.722 | 0.5~0.95 |
| | | EN14 | 0.666 | 0.5~0.95 |
| | | EN15 | 0.659 | 0.5~0.95 |
| | 感知的学习内容 | EN21 | 0.741 | 0.5~0.95 |
| | | EN22 | 0.714 | 0.5~0.95 |
| | | EN23 | 0.720 | 0.5~0.95 |
| 模型适配关键指标 | | RMSEA | 0.042 | <0.08 |
| | | SRMR | 0.029 | <0.08 |
| | | IFI | 0.987 | >0.90 |
| | | TLI | 0.981 | >0.90 |
| | | CFI | 0.987 | >0.90 |

（2）学习动机量表的验证性因子分析。

对学习动机量表进行验证性因子分析，获得量表的稳定测量模型中包含"内部动机"与"外部动机"两个潜在变量，验证了量表的编制构想。两个潜在变量包含的题目数量分别为4和4。模型的适配度检验结果如下：N = 299，RMSEA = 0.052，SRMR = 0.049，IFI = 0.979，TLI = 0.968，CFI = 0.978。具体因子结构如图2-5所示。总体看来，模型的关键拟合指标均达到适配标准（表2-5）。

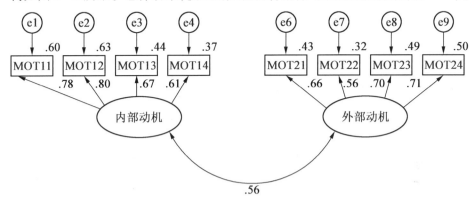

图2-5 学习动机量表验证性因子分析结构图

表2-5 学习动机测量模型数据结果

| | 样本 | | 判断标准 |
|---|---|---|---|
| | $N$ | 299 | 无 |
| 标准化负荷 | 内部动机 | MOT11 | 0.778 | 0.5~0.95 |
| | | MOT12 | 0.795 | 0.5~0.95 |
| | | MOT13 | 0.666 | 0.5~0.95 |
| | | MOT14 | 0.606 | 0.5~0.95 |
| | 外部动机 | MOT21 | 0.658 | 0.5~0.95 |
| | | MOT22 | 0.565 | 0.5~0.95 |
| | | MOT23 | 0.703 | 0.5~0.95 |
| | | MOT24 | 0.707 | 0.5~0.95 |

续表 2-5

| | 样本 | | 判断标准 |
|---|---|---|---|
| | $N$ | 299 | 无 |
| 模型适配关键指标 | RMSEA | 0.052 | <0.08 |
| | SRMR | 0.049 | <0.08 |
| | IFI | 0.979 | >0.90 |
| | TLI | 0.968 | >0.90 |
| | CFI | 0.978 | >0.90 |

(3)学习行为量表的验证性因子分析。

通过对学习行为量表采取验证性因子分析,获得量表的稳定测量模型中包含"资源访问""活动参与"与"任务完成"3个潜在变量,验证了量表的编制构想。3个潜在变量包含的题目数量分别为5、3和3。模型的适配度检验结果如下:N = 299,RMSEA = 0.060,SRMR = 0.047,IFI = 0.964,TLI = 0.951,CFI = 0.963。具体因子结构如图2-6所示。总体看来,模型的关键拟合指标均达到适配标准(表2-6)。

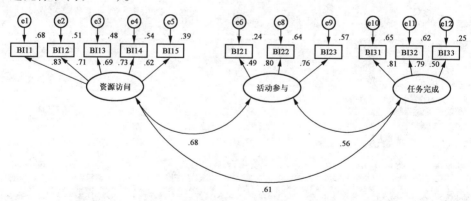

图2-6 学习行为量表验证性因子分析结构图

表2-6 学习行为测量模型数据结果

| | | 样本 | | 判断标准 |
|---|---|---|---|---|
| | $N$ | | 299 | 无 |
| 标准化负荷 | 资源访问 | BI11 | 0.826 | 0.5~0.95 |
| | | BI12 | 0.712 | 0.5~0.95 |
| | | BI13 | 0.69 | 0.5~0.95 |
| | | BI14 | 0.734 | 0.5~0.95 |
| | | BI15 | 0.622 | 0.5~0.95 |
| | 活动参与 | BI21 | 0.491 | 0.5~0.95 |
| | | BI22 | 0.802 | 0.5~0.95 |
| | | BI23 | 0.757 | 0.5~0.95 |
| | 任务完成 | BI31 | 0.807 | 0.5~0.95 |
| | | BI32 | 0.79 | 0.5~0.95 |
| | | BI33 | 0.500 | 0.5~0.95 |
| 模型适配关键指标 | | RMSEA | 0.060 | <0.08 |
| | | SRMR | 0.047 | <0.08 |
| | | IFI | 0.964 | >0.90 |
| | | TLI | 0.951 | >0.90 |
| | | CFI | 0.963 | >0.90 |

4. 收敛效度和区别效度

为了使得问卷的结构效度更加良好,还要对收敛效度和区别效度进行检验。根据SEM结构方程模型的使用规则,当一个模型中既包含有测量模型又包含有结构模型时,应当先检验测量模型,当测量模型被证明具有相应的合理性之后,便可以进行结构模型的参数估计(吴明隆,2009)。于是,还需要采取更为科学的检验方法对测量模型进行检验,重点考察模型的收敛效度(Convergent Validity)和区别效度(Discriminate Validity)。根据Hair的观点(Hair,1998),若因素负荷量>0.50、SMC>0.50、CR>0.70、AVE>0.50时,表示研究构面具有收敛效度,而潜在变量的平均方差萃取之平方根值若大于不同构面下的相关系数,表示潜在构面间的相关程度小于潜在构面内的相关程度,因此具有区别效度。

(1) 收敛效度检验。

所谓收敛效度(Convergent Validity)是指具有相同潜在特征的测验或题项存在于同一个因素构面上,并且测验或者题项之间所测量得到的测量值之间具有高度的相关性。如果收敛效度好,就表明各个指标反映了同一个构面,整个变量的得分反映的也就是相同的内涵。从拟合指标来讲,上面提到的3个测量模型的关键拟合指标均达到了拟合标准,于是,需要进一步考察包括平均方差萃取量在内的收敛效度的另外3个指标,即SMC、CR和AVE,其中,平均方差萃取量(Average Variance Extracted, AVE)是考察潜变量收敛程度的重要指标,AVE≥0.50被视为具有适当的收敛程度,0.35~0.50被视为可接受(吴明隆,2009)。结合下表发现,因素负荷量基本都大于0.50、多元相关平方系数(Squared Multiple Correlation, SMC)基本都大于0.50、组成信度(Composite Reliability, CR)基本都大于0.70、AVE基本都大于0.50,表示研究构面通过了测量模型的检验要求,可以开展接下来的验证和研究。

表2-7 潜变量收敛效度检验

| 潜变量 | 指标 | 标准化 | 非标准化负荷 | 标准误 | $t$值 | P | SMC | CR | AVE |
|---|---|---|---|---|---|---|---|---|---|
| 感知 | EN11 | 0.646 | 1 | — | — | *** | 0.417 | — | — |
| 学习 | EN12 | 0.677 | 1.045 | 0.105 | 9.951 | *** | 0.458 | | |
| 支持 | EN13 | 0.722 | 1.145 | 0.11 | 10.428 | *** | 0.521 | 0.807 | 0.505 |
| | EN14 | 0.666 | 1.093 | 0.111 | 9.832 | *** | 0.443 | | |
| | EN15 | 0.659 | 1.071 | 0.11 | 9.75 | *** | 0.434 | | |
| 感知 | EN21 | 0.741 | 1 | — | — | *** | 0.549 | | |
| 学习 | EN22 | 0.714 | 0.935 | 0.085 | 10.972 | *** | 0.510 | 0.767 | 0.526 |
| 内容 | EN23 | 0.720 | 0.933 | 0.085 | 11.034 | *** | 0.518 | | |
| 内部 | MOT11 | 0.778 | 1 | — | — | *** | 0.605 | | |
| 动机 | MOT12 | 0.795 | 1.007 | 0.077 | 13.002 | *** | 0.633 | 0.806 | 0.512 |
| | MOT13 | 0.666 | 0.95 | 0.084 | 11.273 | *** | 0.444 | — | — |
| | MOT14 | 0.606 | 0.781 | 0.076 | 10.255 | *** | 0.367 | — | — |

续表 2-7

| 潜变量 | 指标 | 标准化 | 非标准化负荷 | 标准误 | $t$ 值 | P | SMC | CR | AVE |
|---|---|---|---|---|---|---|---|---|---|
| 外部动机 | MOT21 | 0.658 | 1 | | | *** | 0.432 | | |
| | MOT22 | 0.565 | 0.836 | 0.102 | 8.226 | *** | 0.319 | 0.723 | 0.467 |
| | MOT23 | 0.703 | 0.997 | 0.104 | 9.579 | *** | 0.495 | | |
| | MOT24 | 0.707 | 0.947 | 0.099 | 9.602 | *** | 0.499 | | |
| 资源访问 | BI11 | 0.826 | 1 | | | *** | 0.680 | | |
| | BI12 | 0.712 | 0.809 | 0.06 | 13.487 | *** | 0.506 | | |
| | BI13 | 0.69 | 0.795 | 0.061 | 12.985 | *** | 0.477 | 0.842 | 0.518 |
| | BI14 | 0.734 | 0.821 | 0.059 | 13.987 | *** | 0.542 | | |
| | BI15 | 0.622 | 0.756 | 0.066 | 11.492 | *** | 0.282 | | |
| 活动参与 | BI21 | 0.491 | 1 | | | *** | 0.236 | | |
| | BI22 | 0.802 | 1.636 | 0.203 | 8.056 | *** | 0.606 | 0.732 | 0.486 |
| | BI23 | 0.757 | 1.554 | 0.195 | 7.977 | *** | 0.535 | | |
| 任务完成 | BI31 | 0.807 | 1 | | | *** | 0.652 | | |
| | BI32 | 0.79 | 0.964 | 0.082 | 11.801 | *** | 0.620 | 0.749 | 0.508 |
| | BI33 | 0.712 | 0.809 | 0.06 | 13.487 | *** | 0.254 | | |

注：＊＊＊表示 P<0.001，＊＊表示 P<0.01，＊表示 P<0.05，全文下同

（2）区别效度检验。

区别效度（Discriminate Validity）是指构面所代表的潜在特质与其他构面所代表的潜在特质之间具有显著差异即存在低相关度（吴明隆，2013）。换句话说，具有区别效度意味着每一个测量题项不应该交叉性地反映多个潜变量，而应该只反映一个潜变量。根据已有研究结果，一个具有广泛意义的检验区别效度的方法是考察所有因子的 AVE 值是否均大于等于因子之间相关系数的平方值（Fornell&Larcker，1981）。通过获取样本中因子的 AVE 值及两两相关系数发现，"感知的学习支持"与"感知的学习内容"之间的相关系数为 0.729，相关系数的平方值小于等于因子的全部 AVE 值 0.505 和 0.526；"内部动机"与"外部动机"之间的相关系数为 0.560，相关系数的平方值小于因子的全部 AVE

0.512和0.467;"资源访问""活动参与"与"任务完成"的相关系数中最大为0.680,最大的相关系数的平方值小于全部 AVE 值0.518、0.486 和 0.508,检验结果符合上述区别效度检验方法中的检验标准。

通过上述研究获知学习环境、学习动机和学习行为量表 CFA 模型检验结果:首先,有关学习环境量表、学习动机量表和学习行为量表验证性因子分析模型的基本适配指标都已达到了检验标准,结果表示估计的基本适配指标良好,并没有违反模型辨认的规则;其次,实际观察的数据与学习环境量表、学习动机量表和学习行为量表验证性因子分析模型的适配情形较好,也就是模型的外在质量较好,测量模型的收敛效度较好;再次,在对假设模型的内在质量进行检验的方面,存在着某些指标值没有达到标准的情况,其中存在测量指标的因素载荷量未达到0.500,AVE 值也有未均达到 0.500 的情况,表示测量指标的测量误差项之间并不是完全独立且无关联的,假设模型变量之间还是可以释放参数的,然而就整体而言,模型的内在质量还算理想;最后,构建的不同测量变量全部归属于预期的因素构面,在 CFA 测量模型中并没有发生观察变量(题项)横跨两个因素构面的情况,结果表示测量模型具有良好的区别效度。

5. 调查问卷的内容效度分析

在完成调查问卷结构设计、操作化及探索性分析工作的基础上,作者本人选择走进课堂,开展试测调查,对问卷的内容效度进行分析,以检查问卷中是否存在着错误或设计不当之处。试测选择本人所在学校获批立项建设的国家职业教育焊接技术与自动化专业教学资源库。

(1)随机选择调查对象。随机选择焊接技术与自动化专业一年级第二学期一个班级的 29 位学生作为调查对象,发放试测调查问卷。

(2)作答问卷。向调查对象介绍此次调查研究行动的缘由,说明此次调查的问卷是试测调查问卷,请学生们按照真实想法认真作答。

(3)征求意见。随机抽取调查对象,针对调查问卷的格式和内容,以及封面语和指导语,征询调查对象的意见。

(4)回收与统计。回收调查问卷,对每位受测试者在每一条陈述上的得分以及每个人在全部陈述上的总分加以统计。

(5)计算分辨力。分辨力的计算方法是:先根据受测试对象全体的总分进行排序,然后选取出总分最高的25%的对象和总分最低的25%的对象,计算这两部分对象在每一条陈述上的平均分,将这两个平均分做减法,进而得出的就是这一条陈述的分辨力系数(袁方,1997)。分辨力系数的绝对值越大,说明这一条陈述的分辨力越高。对每一条陈述的分辨力进行计算,对分辨力不高的陈述给予删除,对分辨力高的陈述给予保留。

(6)非结构式访谈。通常还需要采用非结构式访谈方式开展探索性研究,深入了解受访对象的基本概况,争取做到对问卷中每一个调查问题的提法和可能的回答有一个总体的初步的考虑,以便对问卷指标进行适当修改和补充。通过与部分学生进行访谈,从中了解他们的资源库学习情况,形成对所要调查的问题及可能的答案的一个初步印象,进而形成学生访谈记录表。

(7)内容效度分析。内容效度(Content Validity),也称为逻辑效度或表面效度,它是指所选择的测量项目"看起来"是否符合测量的目的和要求,或者可以说是指测量指标或测量内容与测量目标之间的逻辑相符性和适合性。对一种测量的表面效度进行评价,首先需要了解所要测量的概念的含义,其次需要了解测量收集到的信息是否与该概念具有密切相关性,然后测评者才能发挥其判断能力,得出测量是否具有表面效度的结论。一般采取邀请5~10位专家直接进行评价的方法来检查问卷测量的内容效度。在本研究中,共邀请5名资源库领域专家对学习环境、学习动机、学习行为3个量表中每个题项的文字表述、题项与研究主题及具体维度的吻合程度进行评价和修改。如果专家一致认为问题的确分别与上述概念相一致,则可以说这一测量具有内容效度。按照上述步骤,更改问卷中存在的不合适语句并调整问题的顺序。

6. 信度分析

本书使用克隆巴赫系数对各个量表的信度进行检验。$\alpha$系数能够测试出题项之间的相关程度,可以更好地测量内部一致性,提供的信度估计可以视为所有折半信度的平均值。通常的准则是,$\alpha$系数最低限度大于或等于0.700。通过分析发现,"资源库学习环境量表"中"感知的学习支持"因子的$\alpha$系数为0.806,"感知的学习内容"因子的$\alpha$系数为0.768,总量表的$\alpha$系数为0.847。

"资源库学习动机量表"中"内部动机"因子的α系数为0.801,"外部动机"因子的α系数为0.756,总量表的α系数为0.805。"资源库学习行为量表"中"资源获取"因子的α系数为0.838,"活动参与"因子的α系数为0.707,"任务完成"因子的α系数为0.730,总量表的α系数为0.867。于是,不论是各个因子的α系数,还是总量表的α系数都高于0.700,说明"资源库学习环境量表""资源库学习动机量表""资源库学习行为量表"均具有较高的信度。

**(二)访谈提纲**

在问卷调查过程中,还会包含很多可操作化程度很低的问题,这些问题往往具有与调查对象的情感、态度和价值观紧密相关的特点,于是需要采用访谈调查的方法。与调查问卷相比,访谈提纲的结构通常具有较低的严密性或称结构化程度较低。根据访谈问题的结构化程度和访谈工具,本研究采用半结构性访谈(Semi-structured Interview),即访谈提纲中的某些问题是封闭性的问题,部分是开放型的问题。于是,采用的访谈工具便是半结构性访谈提纲(Interview Outline)。

**1. 访谈提纲的编写**

访谈提纲的编写要以问题的形式出现,并以被调查者的回答为测量的依据,该过程与问卷的编制方法在原理上有共同之处,因此可以借鉴有关问卷设计的问题类型和逻辑次序以及相应的选项设计,在此不再赘述。针对不同的被访者,访谈内容会略有不同,于是,本研究的访谈提纲大致包括以下两方面(访谈提纲的详细内容见附件):

第一,资源库感知的学习支持的友好性。

第二,资源库感知的学习内容的优异性。

同时,在访谈提纲的编写过程中,还注意到了以下几方面问题:

第一,访谈问题的形式以开放式为主。只是对于开放的问题,要事先猜测几种可能的回答,从而考虑可能的后续问题的编排以及与上下问题的衔接方式。

第二,注重问题之间的逻辑性及访谈过程中给予被访谈者情感上的平稳过渡。因为面对面的回答留给被访谈者的思考时间更少,往往这一环节比问卷设计更为重要。

第三,访谈提纲中要事先设计对可能出现的不清楚、不完整回答的追问方式。

第四,文字排版应留有访谈中做简单标记的空间。

第五,针对不同被访者群体,开场白的内容应该既有相同之处也有不同之处。

2. 访谈资料的分析

如同其他类型的定性研究,根据访谈提纲获得相应的资料,针对资料采取一定的分析方法,并没有可以遵循的共同的步骤或规则。并且,针对不同的访谈对象以及样本容量,往往也会采取不同的整理资料和分析资料的方法。总体来说,通常包括以下几个步骤:

第一,整理和记录访谈录音,对记录的录音内容进行反复阅读和思考,必要时还需要对录音资料进行回放,进而对不同访谈对象之间存在的差异和共性做到大致理解和记忆。与此同时,还可以将具有代表性的或典型性的访谈内容做标注记录,以备下一步骤编码使用。

第二,在对访谈录音进行整理和记录的基础上,对资料展开分类。在纵向方面可以按照时间趋势划分、按照阶段划分;在横向方面可以按照程度划分、按照主题划分。

第三,对整理过的访谈资料展开编码,之后进行简单的统计分析,分析出大部分受访者的观点或对事物表现出的总体状况。

第四,根据研究设计中提出的概念框架或者已综述的理论,对已经整理和分类的访谈资料及其表现出的规律性和特点展开解释。

3. 访谈调查的信度和效度

访谈提纲的制订是作者本人与相关专家及参建学校负责人反复推敲、修改以及批判性评价的结果。访谈提纲会提前用邮件发送给每一位访谈对象,保证其对相关的背景知识和访谈问题有充分的理解及思考时间。每一次访谈都被全程录音,录音被反复播听和如实转录。

学生访谈对象主要涵盖具有焊接技术与自动化专业资源库使用经历的高

职院校学生，他们均诚实、认真地回答了被访问题，表达了自己独特而深刻的见解和看法；辅助课堂观察的教师访谈对象均为讲授焊接技术与自动化专业课程的教师，拥有丰富的教学经验和建设经验。分别从学生和教师角度获取数据信息具有较高的权威性和完整性。

此外，在对学生进行访谈调查的过程中，运用"信息饱和原则"，即当研究人员发现访谈所获得的信息已经开始重复，不再有重要的和新的主题出现时，便可以认为访谈信息已经饱和，不再需要进行继续访谈了。在本研究中，开始于第 11 位学生，访谈信息出现大量重复，从第 17 位学生开始，便不再有重要的和新的信息出现，但是后来又继续访谈了 3 位学生。在教师访谈调查的过程中，开始于第 8 位教师，访谈信息出现大量重复，从第 11 位教师开始，便不再有重要的和新的信息出现，但是后来又继续访谈了 2 位教师。

在对课程文本和访谈转录文本进行分析的过程中，由本人及两位教育学硕士生对随机抽取的 8 位访谈对象的转录文本进行试析和归类，完成后计算一致性系数。3 位分析者的一致性系数为 0.840，信度较好。待大家协商解决归类结果不一致的地方之后，再由本人对剩余的访谈转录文本进行分析和归类。全部归类结束后又由两位教育学硕士生进行了两轮抽样审阅、核准，其间对有异议的归类结果由三人及导师共同研讨、协商和修正，从而在一定程度上保证了调查结果的信度。

### （三）课堂观察

为保证研究的信度和效度，本研究同时选择课堂观察研究方法，在资源库优化前后，分别对师生的言语互动进行分析研究。深入课堂实地，与学生共同上专业课，选择学生学习的维度，观察、了解、记录和分析学生对资源库的学习行为。以定性课堂观察的记录方式——课堂观察量表为观察和分析课堂教学的工具，用以记录学生的学习、教师的教学、课程的性质以及课堂的文化四个维度观察点的实际情况，客观反映利用资源库进行教与学的真实情境。资源库优化前学生学习的课堂观察量表见表 2-8。

表 2-8 资源库优化前学生学习的课堂观察

| 视角 | | 资源库学生学习情况 | | |
|---|---|---|---|---|
| 被观察班 | 16级1班 | 课程 | 焊接生产管理 | |

| | | | | | | | | | | |
|---|---|---|---|---|---|---|---|---|---|---|
| 课前准备 | 准备的工具 | | 是否齐全 | | 准备充分人数 | | 准备习惯如何 | | | |
| | 教材、笔记本、笔、手机 | | 不完全(部分学生忘带笔和本) | | 16/21 | | 良好 | | | |
| 学生听课情况 | 认真听课人数 | | 认真听课时间 | | 学生发言人数 | | 听课中的辅助行为 | | | |
| | | | | | | | 记笔记 | 查阅手机 | 看书 | 其他 |
| | 18(1人趴桌子、2人经常看手机) | | 40分钟 | | 10 | | 10 | 20 | 16 | 3 |
| 课堂互动情况 | 课堂参与度 | | | 小组活动 | | | 个人活动 | | 互动习惯 | |
| | 人数 | 时间 | 质量 | 人数 | 时间 | 质量 | 人数 | 时间 | 质量 | 优秀 良好 一般 |
| | 18 | 40 | 良好 | 18 | 10 | 良好 | 20 | 15 | 一般 | √ (良好) |
| 学生自主学习 | 自主学习时间 | | 自主学习人数 | | 是否有序 | | 自主学习方式 | | | |
| | | | | | | | 记笔记 | 查阅手机 | 思考 | 其他 |
| | 10 | | 18 | | 是 | | √ | √ | √ | |
| 学生学习效果 | 目标达成度 | | 达成目标人数 | | 练习正确率 | | 达成的成果 | | | |
| | | | | | | | 作业 | 演示 | 其他 | |
| | 良好 | | 15 | | 71.4% | | 良好 | 良好 | | |

**总体评价**

在本节课中,教师的学习引导目标明确、层次清晰,能够向学生演示资源库操作步骤。大部分学生积极性高,课堂气氛融洽,学生在充分理解掌握教材内容、PPT演示的基础上,利用资源库进行实践操作。存在以下几方面问题:
1. 教师没有对资源库的功能做事先过渡讲解,直接让学生跟随自己的步骤点击进入资源库进行学习,缺少让学生自主检索学习内容的环节。
2. 学生的积极性没有完全被调动起来,对后进生的关注不够,因为始终有一位学生趴在桌子上睡觉,下课后经本人询问是因为肚子疼。
3. 学生登录资源库学习平台的动作不够熟练,当有看不懂的地方,表现为立即问旁边的学生,或举手示意求助老师帮忙。
4. 课堂上,资源库学习平台仅被作为实践资源展示平台,缺少互动环节。
5. 下课时,没有利用资源库给学生布置课后作业。

此外，根据研究的需要，本人一方面采用课后即时访谈调查的方式，了解学生对感知的资源库学习环境的看法、学习动机、学习行为等信息；另一方面，会同专业教师进行课后反思，从教师的视角获取资源库优化策略的建议。通过对收集到的原始信息进行语义分析，形成本研究的价值判断。

## 三、研究对象

本书的研究对象是拥有职业教育专业教学资源库学习经历的高职学生。按照目的性原则、可行性原则和高效性原则，本研究选择获批立项建设国家职业教育焊接技术与自动化专业教学资源库的学校，包括作者本人所在的主持建设学校以及其他参与建设学校。在抽样方法的选择上，问卷调查采用概率抽样方法中的整群抽样方法，就是在选定研究学校之后，对相关专业的学生采取整体调查的方式；而访谈调查采用的是非概率抽样中的方便抽样方法和滚雪球抽样方法。根据调查研究的目的，同时考虑方便情况，依然选择访谈该学校拥有资源库学习经历的学生和教师。其中，滚雪球抽样方法是指结束了对一个学生的访谈，让这个学生推荐所在班级的另一个学生（风笑天，2008）。当前，由于学校的招生范围是面向全国，学生们来自拥有不同的地域特色和乡土文化背景的各地，因此，不管是整群抽样、方便抽样抑或滚雪球抽样方法，基本都不会出现样本分布不均和代表性不够的缺点。同样依据信息饱和的原则确定访谈样本的大小。

为了探究实践中学生的资源库学习行为影响因素，同时针对影响因素采取切实有效的资源库优化策略，本研究在开发《职业教育专业教学资源库学生学习情况调查问卷》的基础上，借助焊接技术与自动化资源库项目组专项工作会议，召开"资源库学生学习情况调查工作培训会议"，通过宣讲此次问卷调查工作的重要性及实施步骤，明确各校专项负责人，现场发放纸质问卷，一方面方便推进和开展前测和后测调查研究工作，另一方面可以有效提升调查研究结果的真实性和有效性。

## 四、数据分析方法

本书将运用统计软件 SPSS24.0 及 AMOS24.0 对问卷调查的数据进行处理

与分析,使用的统计方法如下:

1. 信度与效度分析

对问卷的内容效度进行衡量,需要利用总得分与各个维度的得分的相关系数;评价问卷的结构效度,一般会利用探索性因子分析(EFA)和多样本交叉的验证性因子分析(CFA)两种分析方法。采用Cronbach's α 系数测量同置信度。经过验证性因子分析拟合模型之后,需要采用多元相关平方(SMC)数据考察条目的信度,同时采取多样本因素载荷的恒等性检验方法(Multi-group Invariance Test)(Youjae YI,1988)。

2. 描述性分析

利用均数、标准差、构成比、发生率等指标描述受测对象在学习环境、学习动机及学习行为各个维度呈现出的集中与离散趋势,根据所描述的均值、呈现出的比例大小以及分布的情形寻找出所存在的不足之处。

3. 单因素分析

采用包括配对样本T检验、两个独立样本的非参数检验(Mann-Whitney U)等在内的方法,比较资源库优化前后以及不同区域学生学习动机和学习行为的差异性;采用Pearson简单相关分析的方法对学习环境、学习动机和学习行为三者的相关关系进行分析。

4. 多因素分析

根据路径分析的原理,在控制住其他变量作用的前提下,利用一般线性回归模型和非条件逐步回归分析等多因素统计分析的方法,通过分层逐步向模型中纳入有关自变量,检验学习环境、学习动机与学习行为之间的路径关系,构建资源库学习情况路径模型。

5. 结构方程模型(SEM)

在前述研究框架的基础上,运用结构方程模型方法对学习环境、学习动机与学习行为之间的结构关系加以检验;对整体模型拟合程度进行估计;运用置信区间法验证学习动机的中介效应。

# 第三章 基于问卷调查的资源库学生学习情况分析

对于问卷调查结果的解释通常有三个层次:①定量描述(描述统计);②相关关系的解释;③因果模型的建立。以下将通过描述样本基本信息和特征信息,对不同背景特征的学生进行差异研究,探讨学习环境、学习动机与学习行为三者之间的路径关系来对问卷调查的结果进行解释,对学生的资源库学习情况进行分析。

## 第一节 样本基本信息描述

样本基本信息描述的目的在于对样本的基本背景信息进行分析描述。通常会涉及样本、有效样本、频数、百分比等术语。样本,即回答问卷的人;有效样本,指筛选掉无效样本(比如随意填写问卷或者没有资格填写问卷的人等)后剩下的样本;频数,指某选项选择的个数。本书对资源库学生的性别、所在区域、入学起点3个选项进行分析。前测调查的研究对象为江苏省、黑龙江省、辽宁省、四川省、安徽省、河北省、陕西省、内蒙古自治区等我国南部和北部地区的8所高等职业院校焊接技术与自动化专业学生。这8所学校分别编号为:学校1、学校2、学校3、学校4、学校5、学校6、学校7、学校8。在抽样方法上,每所学校均依照年级以班级为单位对学生进行整群抽样。共计发放问卷500份,回收问卷454份,问卷回收率为90.8%。剔除无效问卷后,获得有效问卷共计333份,问卷有效率为73.3%。接下来将对有效样本的基本信息进行描述分析,统计分析结果见表3-1。

表 3-1 样本的基本信息特征

| 问题 | 选项 | 频数 | 百分比/% |
|---|---|---|---|
| 性别 | 男 | 304 | 91.0 |
|  | 女 | 29 | 9.0 |
| 所在区域 | 南部 | 97 | 29.1 |
|  | 北部 | 236 | 70.9 |
| 入学起点 | 普通高中 | 294 | 88.3 |
|  | 中职学校及以下 | 39 | 11.7 |

通过统计分析结果发现,来自8所学校的焊接技术与自动化专业的学生样本总量为333人,其中大部分为男生,占91.0%;70.9%的学生来源于北部地区,包括东北、华北和西北部;大部分学生为普通高中起点,占88.3%。

## 第二节 样本特征描述性分析

前文已对学习环境、学习动机和学习行为量表进行了验证性因子分析,以下将对学习环境、学习动机和学习行为量表进行描述性统计分析。描述性统计分析包括均值和标准差。以下将分别对学习环境量表、学习动机量表和学习行为量表进行描述性统计分析。

### 一、学生对资源库的学习支持相对不够满意

对学习环境量表进行描述性分析,结果见表3-2,资源库学习环境中感知的学习支持和感知的学习内容的均值4.226和4.432均高于6级计分的中值强度(3),其中在中值水平及以下(小于等于3)的人数还没有,说明就总体而言,学生对资源库学习环境表现出一般满意。就各维度所呈现出的描述性统计分析结果看,与感知的学习支持的均值4.226相比,认为"有很多机会与老师在线交流互动"的得分最低(4.160),认为"老师能够随时在线指导学习"的得分也相对较低;而感知的学习内容维度中,认为"学习活动的设计紧扣学习内容"和"资源库中包含的内容能够满足学习需要"的均值(4.370)最高。上述结果说

明,当前学生对资源库学习环境中的学习支持条件相对不够满意。学生期待能够与老师随时进行在线交流互动,希望能够得到老师的随时在线辅导。

表3-2 学习环境量表的描述性分析

| | N | 均值 | 标准差 | 题目 | 均值 | 标准差 |
|---|---|---|---|---|---|---|
| 感知的学习支持 | 333 | 4.226 | 0.870 | 各种素材资源方便下载,能让我随时随地进行学习 | 4.370 | 1.129 |
| | | | | 即时的评价与反馈可以让我及时调整自己的学习状态 | 4.230 | 1.126 |
| | | | | 老师能够随时在线指导学习,提高了我的学习积极性 | 4.180 | 1.156 |
| | | | | 有很多机会与老师在线交流互动 | 4.160 | 1.196 |
| 感知的学习内容 | 333 | 4.320 | 0.904 | 资源库的评价方式,更有助于检测学习效果 | 4.360 | 1.186 |
| | | | | 学习内容的难度安排难易适中 | 4.230 | 1.119 |
| | | | | 学习活动的设计紧扣学习内容 | 4.370 | 1.086 |
| | | | | 资源库中包含的内容能够满足学习需要 | 4.370 | 1.075 |

## 二、学生使用资源库的学习动机主要来自内部动机

对学习动机量表进行描述性分析,结果见表3-3,学习动机各维度内部动机和外部动机的均值4.270和4.180均高于6级计分的中值强度(3),其中在中值水平及以下(小于等于3)的人数还没有,说明就总体而言,学生的资源库学习动机处于中值强度以上。就各维度所呈现出的描述统计分析结果看,其中,"资源库能够满足我的自主学习需要"的得分相对较低(4.070);而"我希望利用资源库提高自己的专业技能"(4.470)均值最高。上述结果说明,学生使用资源库的学习动机主要来自内部动机,学生们希望通过使用资源库提高自身的专业技术和能力,然而,学生对于资源库的建设意义并未能完全掌握,未能充分发挥资源库在自主学习过程中的重要作用。

表3-3 学习动机量表的描述性分析

| | N | 平均值 | 标准差 | 题目 | 均值 | 标准差 |
|---|---|---|---|---|---|---|
| 内部动机 | 333 | 4.270 | 0.918 | 我希望利用资源库提高自己的专业技能 | 4.470 | 1.131 |
| | | | | 通过资源库学会一种新技能时我会感到很兴奋 | 4.320 | 1.114 |
| | | | | 资源库能够满足我的自主学习需要 我乐意学习资源库提供的各种资源 | 4.070 | 1.255 |
| 外部动机 | 333 | 4.180 | 0.940 | 我想利用所学知识去参加技能大赛,为学校争光 | 4.240 | 1.133 |
| | | | | 因使用资源库学习而得到老师表扬时我会感到很满足 | 4.170 | 1.306 |
| | | | | 资源库中紧贴学习主题的内容有利于我完成老师布置的任务 | 4.270 | 1.270 |
| | | | | 我试图通过资源库来提高专业学习成绩 | 4.110 | 1.217 |

## 三、学生参与资源库交互活动的行为不足

对学习行为量表进行描述性分析,结果见表3-4,学习行为三个维度中资源访问(4.050)、活动参与(3.420)和任务完成(4.030)的均值高于6级计分的中值强度(3),其中在中值水平及以下(小于等于3)的人数还没有,说明就总体而言,学生的资源库学习行为处于中值强度以上。就各维度所呈现出的描述统计分析结果看,其中,活动参与(3.420)的均值较低,其中,"我经常使用资源库的论坛发帖"的得分最低(3.110),接近中值,"在资源库中遇到有用的信息时我会转发给同学"(3.770)均值相对较低。上述结果说明,学生参与资源库交互活动的行为不足,较少参与网络论坛、交互专区等在线互动活动。

表 3-4  学习行为量表的描述性分析

| | N | 平均值 | 标准差 | 题 目 | 均值 | 标准差 |
|---|---|---|---|---|---|---|
| 资源访问 | 333 | 4.050 | 0.968 | 下课后我会及时使用资源库进行复习 | 3.900 | 1.288 |
| | | | | 上课时我会根据老师讲解,检索资源库中相关内容 | 4.080 | 1.208 |
| | | | | 遇到不懂的问题,我会及时通过资源库寻找答案 | 4.170 | 1.225 |
| 活动参与 | 333 | 3.420 | 1.135 | 课前我会在资源库中浏览老师即将讲解的知识 | 4.020 | 1.190 |
| | | | | 课后我会经常登录资源库学习专业知识 | 4.060 | 1.293 |
| | | | | 在资源库中遇到有用的信息时,我会转发给同学 | 3.770 | 1.426 |
| | | | | 在使用过程中遇到疑问时,我会首先在资源库论坛中提问 | 3.380 | 1.427 |
| 任务完成 | 333 | 4.030 | 1.024 | 我经常使用资源库的论坛发帖 | 3.110 | 1.436 |
| | | | | 我经常使用资源库在线完成作业 | 3.880 | 1.309 |
| | | | | 我经常使用资源库完成老师布置的随堂测试 | 4.080 | 1.289 |
| | | | | 我会先参考学习目标再学习课程内容 | 4.110 | 1.211 |

对学习环境量表、学习动机量表和学习行为量表进行描述性统计分析,结果显示:第一,当前学生对资源库学习环境中学习支持相对不够满意。第二,学生使用资源库的学习动机主要来自内部动机。第三,学生参与资源库交互活动的行为不足。通过上述分析,可以对本书研究的第一个问题(学生使用资源库学习的行为究竟如何?)给出明确的答案。

## 第三节  学习环境、学习动机和学习行为的路径关系

本节将在上述描述性统计分析的基础上,采用相关分析、线性回归分析等方法,通过逐步向模型中纳入有关自变量,探讨学习环境感知、学习动机和学习行为之间的路径关系及其各自作用大小,为三者综合模型关系的建立做铺垫。

# 一、学习环境、学习动机和学习行为的相关性分析

## (一) 学习环境、学习动机和学习行为的相关性分析方法

在对研究变量进行描述分析后,接着研究两两变量之间的相互关系,即通过相关分析研究变量之间的关系情况,包括是否有关系和关系紧密程度。相关分析需要放在回归分析前,研究变量之间有相关性,才可能会有回归关系。通常,会使用相关系数来表示变量之间的关系情况,分析相关性的目的在于分析两个变量彼此之间的相关关系情况。相关系数有两类,分别是 Pearson 相关系数和 Spearman 相关系数,绝大多数情况下是使用 Pearson 相关系数表示相关关系。Pearson 相关系数值介于 $-1 \sim 1$ 之间,$0.8 \sim 1.0$ 为极强相关,$0.6 \sim 0.8$ 为强相关,$0.4 \sim 0.6$ 为中等程度相关,$0.2 \sim 0.4$ 为弱相关,$0.0 \sim 0.2$ 为极弱相关或无相关。相关系数大于 0 则为正相关,反之为负相关,绝对值越大,则说明相关性越为紧密。相关分析是对研究变量进行分析,通常研究变量对应多个选项,因而首先需要计算多个选项的平均值,以平均值代表对应研究变量,最后分析以研究变量为准。

## (二) 学习环境、学习动机和学习行为的相关性分析结果

以下将利用相关分析探究各研究变量之间的相关性。在相关性的具体分析过程中,首先需要分析相关系数是否呈现出显著性。如果呈现出显著性,那么说明变量之间存在相关性。然后分析相关关系的紧密程度,如果没有呈现出显著性,就说明变量之间不存在相关性,更不可能有紧密相关程度之说。在使用 SPSS 软件进行相关分析时,SPSS 直接生成结果会包括具体样本量值和具体 $P$ 值,$P$ 值可以使用 * 号表示。各研究变量相关分析结果见表 3-5。

表 3-5 学习环境、学习动机和学习行为的相关性分析结果

| | 资源访问 | 活动参与 | 任务完成 | 学习支持 | 学习内容 | 内部动机 |
| --- | --- | --- | --- | --- | --- | --- |
| 活动参与 | 0.573** | | | | | |
| 任务完成 | 0.527** | 0.442** | | | | |
| 学习支持 | 0.685** | 0.444** | 0.427** | | | |

续表 3-5

|  | 资源访问 | 活动参与 | 任务完成 | 学习支持 | 学习内容 | 内部动机 |
|---|---|---|---|---|---|---|
| 学习内容 | 0.523** | 0.247** | 0.365** | 0.575** | | |
| 内部动机 | 0.619** | 0.368** | 0.462** | 0.566** | 0.510** | |
| 外部动机 | 0.468** | 0.271** | 0.344** | 0.521** | 0.381** | 0.408** |

1. 学习环境感知与学习动机的相关性

已有研究证明,学习环境对学习动机是有影响的,但缺乏对学习环境的细化,以及探究学习环境的不同方面对学习动机的影响。研究资源库学习环境的不同方面与不同类型学生学习动机之间的关系,将有助于未来对资源库学习环境进行优化。本书采用 Pearson 相关系数进行分析,从表 3-5 可以看出学习环境的不同方面与不同类型的学习动机之间对应的相关关系。其中"感知的学习支持"与"内部动机"相关性相对较高,达到 0.566。

2. 学习动机与学习行为的相关性

已有研究证明,学习动机对学习行为是有影响的,但同时也缺乏对学习动机的细化,以及探究学习动机的不同类型对学习行为的影响。因此,研究不同类型学生的学习动机与学习行为之间的关系,能够使未来优化资源库学习环境做到有的放矢。从表中可以看出学习动机的不同方面与不同的学习行为之间对应的相关性。其中"内部动机"与"资源访问"相关性最高,达到 0.619。而"外部动机"与学习行为的各个方面之间虽然相关,但相关程度都低于 0.5,最低达到 0.271。

3. 学习环境感知与学习行为的相关性

从表中可以看出学习环境的不同方面与不同的学习行为之间对应的相关性。其中"感知的学习支持"与"资源访问"相关性最高,达到 0.685。而学习环境各个方面与学习行为中的"活动参与"之间虽然相关,但相关程度低于0.5,仅达到 0.247。

综上,通过探究各研究变量之间的相关性发现:首先,资源库的学习环境各个方面对学习动机的各个维度具有正向相关性。其中,"感知的学习支持"与

"内部动机"相关性相对较高。第二,"内部动机"和"外部动机"与学习行为各个方面具有正向相关性。其中,"内部动机"与"资源访问"相关性最高。第三,学习环境的各个方面与各项资源库学习行为具有正相关性。其中,"感知的学习支持"与"资源访问"相关性最高。而学习环境各个方面与学习行为中活动参与的相关性相对较低。了解上述变量之间的相关性有助于探明学生对资源库的学习行为不足背后的原因,以下将通过回归分析进一步探明变量间的相互关系。

## 二、学习环境、学习动机和学习行为的线性回归分析

由相关分析可知,资源库学习环境中的"感知的学习支持"与学习动机中的"内部动机"具有较高的影响关系,且"内部动机"对于资源库的"资源访问"学习行为具有重要作用。学习环境中的"感知的学习支持"与"资源访问"学习行为也具有较高的相关性。以下将通过回归分析进一步探明变量间的关系,尤其是可以进行变量控制,从而更加准确地解释变量间的关系。

### (一)学习环境、学习动机和学习行为的线性回归分析方法

线性回归分析是一种研究 $X$ 对于 $Y$ 的影响关系的分析方法,其中 $X$ 被称为自变量,$Y$ 被称为因变量。这种分析方法在问卷研究中最为常见,在多数情况下,可以使用线性回归分析进行假设验证。线性回归分析涉及的指标包括 $R^2$、调整 $R^2$、$F$ 值、VIF 值、D-W 值、非标准化回归系数和标准化回归系数。

$R^2$ 或者调整 $R^2$ 均代表所有 $X$ 对于 $Y$ 的解释力度,通常 $R^2$ 的使用频率更高,其值为 0~1,该值越大越好。$F$ 值用于检验是否所有自变量 $X$ 中至少有一个会对因变量 $Y$ 产生影响关系,如果 $F$ 值对应的 $P$ 值小于 0.05,则说明所有自变量 $X$ 中至少有一个会对因变量 $Y$ 产生影响关系。VIF 值是多重共线性判断指标。多重共线性是指自变量之间存在着较强的相关关系。通常 VIF 值的判断标准为在 10 以内,较为严格的标准是要求该值在 5 以内。如果达到标准则说明没有多重共线性,即所有自变量 $X$ 之间并没有相互干扰的影响关系。在问卷研究中,通常极少出现多重共线性问题。如果 VIF 值高于 10,那么说明问卷存在严重的共线性问题,此时自变量之间的相关系数值也应该非常高(大于

0.7)。D-W 值代表自相关性判断指标。自相关性,即前一个样本的填写是否会影响下一个样本的填写。D-W 值越接近 2 越好,通常,如果数值在 1.8~2.2 之间,则说明没有自相关性,即样本之间并没有干扰关系。

对指标解释完成后,再继续分析自变量 $X$ 是否呈现出显著性,即对应的 $P$ 值是否小于 0.05(并且大于 0.01)即说明呈现出 0.05 水平的显著性,具体是正向影响关系还是负向影响关系得通过对 $X$ 的回归系数的正负号进行判断。回归系数有两个,分别是标准化回归系数和非标准化回归系数,一般使用非标准化回归系数的情况比较多,较少使用标准化回归系数。如果需要对比影响关系的强弱情况,则需要使用标准化回归系数,但首先需要保证自变量 $X$ 对因变量 $Y$ 具有影响关系(即呈现显著性,$P$ 值小于 0.05)。

(二)学习环境、学习动机和学习行为的线性回归分析结果

1. 个人背景和学习环境对学习动机的回归分析

这里将首先检验个人背景变量和学习环境变量对学习动机的影响。分别将内部动机和外部动机作为因变量,将性别、所在区域、入学起点以及学习环境作为自变量建立如下回归方程,$Y_1 = a_0 + a_1x_1 + a_2x_2 + a_3x_3 + a_4x_4 + a_5x_5$,其中 $Y_1$ 为学习动机,$x_1$ 为性别,$x_2$ 为区域,$x_3$ 为入学起点,$x_4$ 为学习环境中的"感知的学习支持",$x_5$ 为学习环境中的"感知的学习内容"。分析结果见表 3-6 和表 3-7。

(1)个人背景和学习环境对"内部动机"的回归分析。分析结果表明,最终模型达到显著,D-W 值为 2.018,处于[0,4]的优值区域内,并且接近 2 这个完美值。当对残差采取进一步分析发现,残差的分布比较好地满足了最小二乘法(OLS)回归所要求的正态性要求,说明样本数据适合进行 OLS 回归。与此同时,共线性诊断结果显示本次回归分析并不存在严重的多重共线性问题。回归模型 $F$ 值为 39.294,$p<0.001$,方差解释率为 36.6%。回归分析结果表明,性别、区域、入学起点等个人背景变量对"内部动机"的标准化回归系数非常低,相比较来说,学习环境中的"感知的学习支持"和"感知的学习内容"两个因子对"内部动机"的正向效应较为明显。也就是说,在考虑学习环境的影响后,个人背景变量对"内部动机"的影响几乎可忽略。因而可以认为,在本书中的性别、

区域、入学起点等这几个个人背景变量并没有对"内部动机"产生直接影响,而学习环境中的"感知的学习支持"和"感知的学习内容"对"内部动机"产生正向影响关系。

表3-6 个人背景和学习环境对内部动机的回归分析

| | $B$<br>(标准误) | 回归模型 Beta | $t$ |
|---|---|---|---|
| (常量) | 1.003 | — | 2.963*** |
| | (0.338) | — | — |
| 性别(参照组=男) | 0.096 | 0.029 | 0.661 |
| | (0.146) | — | — |
| 区域(参照组=南部) | 0.058 | 0.029 | 0.644 |
| | (0.090) | — | — |
| 入学起点(参照组=高中) | 0.004 | 0.001 | 0.029 |
| | (0.129) | — | — |
| 感知的学习支持 | 0.437 | 0.414 | 7.689*** |
| | (0.057) | — | — |
| 感知的学习内容 | 0.276 | 0.272 | 5.086*** |
| | (0.054) | — | — |
| 模型的检验 | $N=333, df=5, F=39.294$,调整后 $R^2=0.366$ | | |

(2)个人背景和学习环境对"外部动机"的回归分析。分析结果表明,最终模型达到显著,D-W值为1.964,处于[0,4]的优值区域内,并且接近2这个完美值。当对残差采取进一步分析发现,残差的分布比较好地满足了最小二乘法(OLS)回归所要求的正态性要求,说明样本数据适合进行OLS回归。与此同时,共线性诊断结果显示了本次回归分析并不存在严重的多重共线性问题。回归模型$F$值为26.568,$p<0.001$,方差解释率为27.9%。回归分析结果表明,性别、区域、入学起点等个人背景变量对"外部动机"的标准化回归系数非常低,相比较来说,学习环境中的"感知的学习支持"和"感知的学习内容"两个因子对"外部动机"的正向效应相对明显。也就是说,在考虑学习环境的影响后,个

人背景变量对"外部动机"的影响几乎可忽略。因而可以认为,在本书中的性别、区域、入学起点等这几个个人背景变量并没有对"外部动机"产生直接影响,而"感知的学习支持"和"感知的学习内容"对"外部动机"产生正向影响关系。

表3-7 个人背景和学习环境对外部动机的回归分析

| | $B$（标准误） | 回归模型 Beta | $t$ |
|---|---|---|---|
| （常量） | 1.476 | — | 3.993*** |
| | (0.370) | | |
| 性别(参照组=男) | -0.120 | -0.035 | -0.751 |
| | (0.159) | | |
| 区域(参照组=南部) | 0.115 | 0.056 | 1.170 |
| | (0.099) | | |
| 入学起点(参照组=高中) | -0.005 | -0.002 | -0.039 |
| | (0.140) | | |
| 感知的学习支持 | 0.489 | 0.453 | 7.887*** |
| | (0.062) | | |
| 感知的学习内容 | 0.128 | 0.123 | 2.154*** |
| | (0.059) | | |
| 模型的检验 | $N=333, df=5, F=26.568$, 调整后 $R^2=0.279$ | | |

2. 个人背景、学习环境和学习动机对学习行为的回归分析

接下来将对学习行为所包含维度"资源访问""活动参与""任务完成"分别进行回归分析。选择学习行为所包含各维度作为因变量,首先,将个人背景与学习环境中的"感知的学习支持""感知的学习内容"作为自变量;其次,将个人背景、学习环境中的"感知的学习支持""感知的学习内容"、学习动机中的"内部动机""外部动机"作为自变量。

(1)将个人背景与学习环境中的"感知的学习支持""感知的学习内容"作为自变量。

首先,个人背景与"感知的学习支持""感知的学习内容"对"资源访问"的

回归分析。分析结果见表3-8。最终模型达到显著,D-W值为2.095,处于[0,4]的优值区域内,并且接近2这个完美值。当对残差采取进一步分析发现,残差的分布比较好地满足了OLS回归所要求的正态性要求,说明样本数据适合进行OLS回归。与此同时,共线性诊断结果显示了本次回归分析并不存在严重的多重共线性问题。回归模型$F$值为66.047,$p<0.001$,方差解释率为49.6%。回归分析结果表明,"感知的学习支持"和"感知的学习内容"对"资源访问"的正向效应较为明显。

表3-8 个人背景和学习环境对资源访问的回归分析

| | $B$<br>(标准误) | 回归模型 Beta | $t$ |
|---|---|---|---|
| (常量) | 0.456 | — | 1.430 |
| | (0.319) | — | — |
| 性别(参照组=男) | 0.042 | 0.012 | 0.304 |
| | (0.137) | — | — |
| 区域(参照组=南部) | 0.087 | 0.041 | 1.026 |
| | (0.085) | — | — |
| 入学起点(参照组=高中) | -0.235 | -0.078 | -1.941 |
| | (0.121) | — | — |
| 感知的学习支持 | 0.652 | 0.586 | 12.185*** |
| | (0.054) | — | — |
| 感知的学习内容 | 0.204 | 0.191 | 3.987*** |
| | (0.051) | — | — |
| 模型的检验 | $N=333$, $df=5$, $F=66.047$, 调整后 $R^2=0.496$ | | |

第二,个人背景与"感知的学习支持""感知的学习内容"对"活动参与"的回归分析。分析结果见表3-9。最终模型达到显著,D-W值为2.111,处于[0,4]的优值区域内,并且接近2这个完美值。当对残差采取进一步分析发现,残差的分布比较好地满足了OLS回归所要求的正态性要求,说明样本数据适合进行OLS回归。与此同时,共线性诊断结果显示了本次回归分析并不存在严重

的多重共线性问题。回归模型 F 值为 17.163，$p<0.001$，方差解释率为19.6%。回归分析结果表明，学习环境中的"感知的学习支持"对"活动参与"的正向效应较为明显。

表3-9 个人背景和学习环境对活动参与的回归分析

| | B（标准误） | 回归模型 Beta | t |
|---|---|---|---|
| （常量） | 1.335 | — | 2.835*** |
|  | (0.471) | — | — |
| 性别（参照组=男） | 0.127 | 0.031 | 0.626 |
|  | (0.203) | — | — |
| 区域（参照组=南部） | -0.064 | -0.026 | -0.507 |
|  | (0.126) | — | — |
| 入学起点（参照组=高中） | -0.401 | -0.114 | -2.242*** |
|  | (0.179) | — | — |
| 感知的学习支持 | 0.604 | 0.463 | 7.635*** |
|  | (0.079) | — | — |
| 感知的学习内容 | -0.015 | -0.012 | -0.205 |
|  | (0.076) | — | — |
| 模型的检验 | $N=333$, $df=5$, $F=17.163$, 调整后 $R^2=0.196$ | | |

第三，个人背景与"感知的学习支持""感知的学习内容"对"任务完成"的回归分析。分析结果见表3-10。最终模型达到显著，D-W 值为 2.027，处于 [0,4] 的优值区域内，并且接近 2 这个完美值。当对残差采取进一步分析发现，残差的分布比较好地满足了 OLS 回归所要求的正态性要求，说明样本数据适合进行 OLS 回归。与此同时，共线性诊断结果显示了本次回归分析并不存在严重的多重共线性问题。回归模型 F 值为 17.429，$p<0.001$，方差解释率为19.9%。回归分析结果表明，"感知的学习支持"和"感知的学习内容"对"任务完成"的正向效应较为明显。

表3-10 个人背景和学习环境对任务完成的回归分析

| | $B$（标准误） | 回归模型 Beta | $t$ |
|---|---|---|---|
| （常量） | 1.024 | — | 2.411*** |
| | (0.425) | — | — |
| 性别(参照组=男) | 0.173 | 0.047 | 0.947 |
| | (0.183) | — | — |
| 区域(参照组=南部) | 0.110 | 0.049 | 0.968 |
| | (0.113) | — | — |
| 入学起点(参照组=高中) | 0.112 | 0.035 | 0.693 |
| | (0.161) | — | — |
| 感知的学习支持 | 0.387 | 0.328 | 5.421*** |
| | (0.071) | — | — |
| 感知的学习内容 | 0.197 | 0.174 | 2.886*** |
| | (0.068) | — | — |
| 模型的检验 | $N=333, df=5, F=17.429,$ 调整后 $R^2=0.199$ | | |

（2）将个人背景与"感知的学习支持""感知的学习内容""内部动机""外部动机"作为自变量。变量引入顺序为个人背景、"感知的学习支持""感知的学习内容""内部动机""外部动机"。

首先，个人背景与"感知的学习支持""感知的学习内容""内部动机""外部动机"对"资源访问"的回归分析。分析结果见表3-11。最终模型达到显著，D-W值为2.001，处于[0,4]的优值区域内，并且接近2这个完美值。当对残差采取进一步分析发现，残差的分布比较好地满足了OLS回归所要求的正态性要求，说明样本数据适合进行OLS回归。与此同时，共线性诊断结果显示了本次回归分析并不存在严重的多重共线性问题。回归模型$F$值为61.342，$p<0.001$，方差解释率为56.1%。回归分析结果表明，"感知的学习支持"对"资源访问"的正向效应较为明显。不过，在模型中引入"内部动机"和"外部动机"后，"感知的学习内容"的标准化回归系数从0.175降低到0.098，而"内部动机"和"外部动机"的标准化回归系数分别为0.299和0.094，预示着"内部动

机"和"外部动机"在"感知的学习内容"与"资源访问"之间可能起着中介作用。

表 3-11 个人背景、学习环境、学习动机对资源访问的回归分析

| | $B$（标准误） | 回归模型 Beta | $t$ |
|---|---|---|---|
| （常量） | -0.003 | — | -0.010 |
| | (0.307) | — | — |
| 性别（参照组=男） | 0.023 | 0.007 | 0.179 |
| | (0.128) | | |
| 区域（参照组=南部） | 0.058 | 0.027 | 0.725 |
| | (0.079) | | |
| 入学起点（参照组=高中） | -0.236 | -0.078 | -2.086 |
| | (0.113) | | |
| 感知的学习支持 | 0.467 | 0.419 | 8.107 |
| | (0.058) | | |
| 感知的学习内容 | 0.105 | 0.098 | 2.100 |
| | (0.050) | | |
| 内部动机 | 0.315 | 0.299 | 6.425 |
| | (0.049) | | |
| 外部动机 | 0.097 | 0.094 | 2.152 |
| | (0.045) | | |
| 模型的检验 | $N=333, df=7, F=61.342$, 调整后 $R^2=0.561$ | | |

第二，个人背景与"感知的学习支持""感知的学习内容""内部动机""外部动机"对"活动参与"的回归分析。分析结果见表 3-12。最终模型达到显著，D-W 值为 2.055，处于 [0,4] 的优值区域内，并且接近 2 这个完美值。当对残差采取进一步分析发现，残差的分布比较好地满足了 OLS 回归所要求的正态性要求，说明样本数据适合进行 OLS 回归。与此同时，共线性诊断结果显示了本次回归分析并不存在严重的多重共线性问题。回归模型 $F$ 值为 14.097，$p<0.001$，方差解释率为 21.7%。回归分析结果表明，"感知的学习支持"对"活动

参与"具有正向效应。不过,在模型中引入"内部动机"后,"感知的学习支持"的标准化回归系数从0.456降低到0.365,而"内部动机"的标准化回归系数分别为0.191,预示着"内部动机"在"感知的学习支持"与"活动参与"之间可能起着中介作用。

表3-12 个人背景、学习环境、学习动机对活动参与的回归分析

| | $B$<br>(标准误) | 回归模型 Beta | $t$ |
|---|---|---|---|
| (常量) | 1.025 | — | 2.134*** |
| | (0.480) | — | — |
| 性别(参照组=男) | 0.111 | 0.027 | 0.551 |
| | (0.201) | — | — |
| 区域(参照组=南部) | -0.083 | -0.033 | -0.669 |
| | (0.124) | — | — |
| 入学起点(参照组=高中) | -0.402 | -0.114 | -2.275*** |
| | (0.177) | — | — |
| 感知的学习支持 | 0.476 | 0.365 | 5.292*** |
| | (0.090) | — | — |
| 感知的学习内容 | -0.087 | -0.069 | -1.115 |
| | (0.078) | — | — |
| 内部动机 | 0.234 | 0.190 | 3.055*** |
| | (0.077) | — | — |
| 外部动机 | 0.051 | 0.042 | 0.727 |
| | (0.070) | — | — |
| 模型的检验 | $N=333, df=7, F=14.097$,调整后 $R^2=0.217$ | | |

第三,个人背景与"感知的学习支持""感知的学习内容""内部动机""外部动机"对"任务完成"的回归分析。分析结果见表3-13。最终模型达到显著,D-W值为2.084,处于[0,4]的优值区域内,并且接近2这个完美值。当对残差采取进一步分析发现,残差的分布比较好地满足了OLS回归所要求的正态性

要求,说明样本数据适合进行 OLS 回归。与此同时,共线性诊断结果显示了本次回归分析并不存在严重的多重共线性问题。回归模型 $F$ 值为 17.350, $p < 0.001$,方差解释率为 25.7%。回归分析结果表明,"感知的学习支持""感知的学习内容"对"任务完成"具有正向效应。不过,在模型中引入"内部动机"后,"感知的学习支持"和"感知的学习内容"的标准化回归系数分别从 0.319、0.175 降低到 0.158、0.087,而"内部动机"的标准化回归系数为 0.278,预示着"内部动机"在"感知的学习支持""感知的学习内容"与"任务完成"之间可能起着中介作用。

表 3-13 个人背景、学习环境、学习动机对任务完成的回归分析

| | $B$（标准误） | 回归模型 Beta | $t$ |
|---|---|---|---|
| （常量） | 0.536 | — | 1.267 |
| | (0.423) | — | — |
| 性别（参照组 = 男） | 0.158 | 0.043 | 0.895 |
| | (0.177) | — | — |
| 区域（参照组 = 南部） | 0.078 | 0.035 | 0.711 |
| | (0.109) | — | — |
| 入学起点（参照组 = 高中） | 0.111 | 0.035 | 0.716 |
| | (0.155) | — | — |
| 感知的学习支持 | 0.192 | 0.163 | 2.429*** |
| | (0.079) | — | — |
| 感知的学习内容 | 0.096 | 0.085 | 1.403 |
| | (0.068) | — | — |
| 内部动机 | 0.309 | 0.277 | 4.572*** |
| | (0.067) | — | — |
| 外部动机 | 0.121 | 0.111 | 1.961 |
| | (0.062) | — | — |
| 模型的检验 | $N = 333, df = 7, F = 17.350,$ 调整后 $R^2 = 0.257$ | | |

## 第四节 资源库学生学习行为预测的结构模型

在前文所获得的稳定测量模型基础上,这里将对资源库学生学习行为预测的结构模型进行检验。由于在分析框架中提出,学习动机可能是学习环境与学习行为的中介变量,所以以下需要进行学习动机的中介效应检验。中介效应(Mediator Effect)是研究在自变量 $X$ 对因变量 $Y$ 的影响过程中,自变量 $X$ 是否会通过中介变量 $M$ 再对因变量 $Y$ 产生影响关系。如果在自变量 $X$ 对因变量 $Y$ 的影响过程中,中介变量 $M$ 起着中介桥梁的作用,那么说明中介效应存在,反之则说明中介效应不存在(温忠麟等,2004)。运用统计学的方法探讨中介变量能否解释自变量对因变量的预测作用,以及解释效应量大小的过程称之为中介效应分析(杜岸政,2014)。根据温忠麟的研究建议,中介效应检验应当报告如下内容:原始总效应的标准化系数 $C$、直接效应 $c$,以及间接效应 $a \cdot b$ 的标准化系数,间接效应和直接效应同号时的间接效应占总效应的比例(温忠麟,2016),如果间接效应和直接效应异号,则报告间接效应与直接效应之比的绝对值(温忠麟,2014)。下面将对样本数据使用结构方程模型对学习动机的"内部动机"和"外部动机"分别进行中介效应检验。

### 一、有内部动机中介的学习行为预测模型

运用 Amos 分析软件,首先将学习环境感知的两个维度作为自变量,将学习行为的三个维度分别作为因变量,分别检验"感知的学习支持""感知的学习内容"对"资源访问""活动参与""任务完成"的总效应。总效应模型关键拟合指标结果表现为:

(1)"感知的学习支持"对"资源访问"的总效应模型关键拟合指标结果。$N = 333$,$RMSER = 0.067$,$SRMR = 0.029$,$IFI = 0.962$,$TLI = 0.949$,$CFI = 0.961$。路径结果显示(图 3-1),自变量中"感知的学习支持"对"资源访问"具有显著的正向效应,因此,将引入"内部动机"变量进行"感知的学习支持"与"资源访问"的中介效应检验。最终模型的适配度检验结果(图 3-2)表现为,关键适配指标:$N = 333$,$RMSER = 0.060$,$SRMR = 0.045$,$IFI = 0.954$,$TLI = 0.943$,$CFI =$

0.954。可见,该模型具有很好的数据适配度。从结构上,"感知的学习支持"对"内部动机"具有显著的正向效应,同时,"内部动机"对"资源访问"的影响也达到显著水平,因此可以认为在"感知的学习支持"与"资源访问"之间有"内部动机"中介效应的存在。

表3-14显示出,当把"内部动机"引入模型后,"感知的学习支持"对"资源访问"的直接效应虽然仍显著却减弱很多,也就是说,"内部动机"在"感知的学习支持"与"资源访问"之间具有部分中介效应。中介效应量结果表明,"内部动机"的中介效应占了"感知的学习支持"对"资源访问"总效应的25.4%。这表明了,本研究中的"感知的学习支持"对"资源访问"的效应一部分是通过"内部动机"中介的。

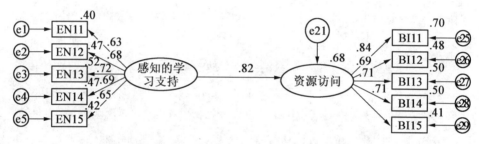

图3-1 感知的学习支持对资源访问的预测模型

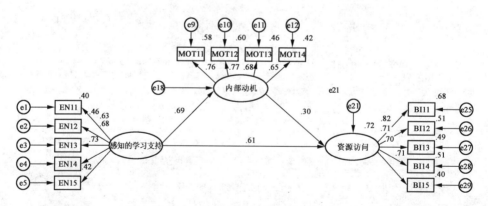

图3-2 有内部动机中介的感知的学习支持对资源访问的预测模型

2. "感知的学习支持"对"活动参与"的总效应模型关键拟合指标结果。
$N=333$, $RMSER=0.060$, $SRMR=0.046$, $IFI=0.962$, $TLI=0.943$, $CFI=0.961$。

路径结果显示(图3-3),自变量"感知的学习支持"对"活动参与"具有显著的正向效应,因此,将引入"内部动机"变量进行"感知的学习支持"与"活动参与"的中介效应检验。最终模型的适配度检验结果(图3-4)表现为,关键适配指标:N=333,RMSER=0.049,SRMR=0.054,IFI=0.956,TLI=0.942,CFI=0.955。可见,该模型具有很好的数据适配度。从结构上,"感知的学习支持"对"内部动机"具有显著的正向效应,然而,"内部动机"对"活动参与"的影响未能达到显著水平,因此可以认为在"感知的学习支持"与"活动参与"之间不存在"内部动机"的中介效应。

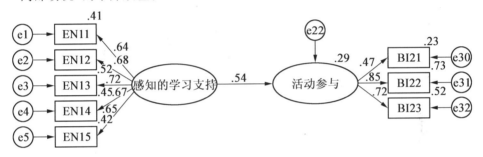

图3-3 感知的学习支持对活动参与的预测模型

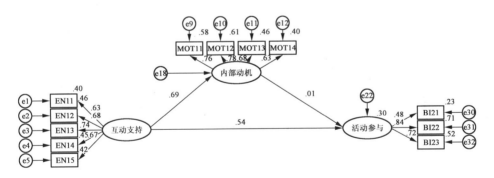

图3-4 有内部动机中介的感知的学习支持对活动参与的预测模型

(3)"感知的学习支持"对"任务完成"的总效应模型关键拟合指标结果。N=333,RMSER=0.045,SRMR=0.041,IFI=0.976,TLI=0.968,CFI=0.976。路径结果显示(图3-5),自变量"感知的学习支持"对"任务完成"具有显著的正向效应,因此,将引入"内部动机"变量进行"感知的学习支持"与"任务完成"的中介效应检验。最终模型的适配度检验结果(图3-6)表现为,关键适配指标:N = 333,RMSER = 0.043,SRMR = 0.044,IFI = 0.977,TLI = 0.970,CFI = 0.977。可见,该模型具有很好的数据适配度。从结构上,"感知的学习支持"对"内部动机"具有显著的正向效应,同时,"内部动机"对"任务完成"的影响也达到显著水平,因此可以认为在"感知的学习支持"与"任务完成"之间有"内部动机"中介效应的存在。

表 3-14 显示出,当把"内部动机"引入模型后,"感知的学习支持"对"任务完成"的直接效应虽然仍显著却减弱很多,也就是说,"内部动机"在"感知的学习支持"与"任务完成"之间具有部分中介效应。中介效应量结果表明,"内部动机"的中介效应占了"感知的学习支持"对"任务完成"总效应的44.9%。这表明了,本研究中的"感知的学习支持"对"任务完成"的效应一部分是通过"内部动机"中介的。

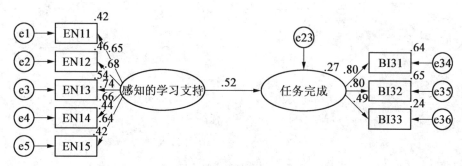

图 3-5 感知的学习支持对任务完成的预测模型

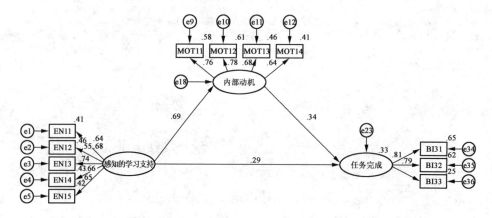

图 3-6 有内部动机中介的感知的学习支持对任务完成的预测模型

4. "感知的学习内容"对"资源访问"的总效应模型关键拟合指标结果。N=333，RMSER=0.053，SRMR=0.031，IFI=0.982，TLI=0.973，CFI=0.982。路径结果显示(如图3-7所示)，自变量中"感知的学习内容"对"资源访问"具有显著的正向效应，因此，将引入"内部动机"变量进行"感知的学习内容"与"资源访问"的中介效应检验。最终模型的适配度检验结果(如图3-8所示)表现为，关键适配指标：N=333，RMSER=0.056，SRMR=0.042，IFI=0.967，TLI=0.957，CFI=0.967。可见，该模型具有很好的数据适配度。从结构上，"感知的学习内容"对"内部动机"具有显著的正向效应，同时，"内部动机"对"资源访问"的影响也达到显著水平，因此可以认为在"感知的学习内容"与"资源访问"之间有"内部动机"中介效应的存在。

表3-14显示出，当把"内部动机"引入模型后，"感知的学习内容"对"资源访问"的直接效应虽然仍显著却减弱很多，也就是说，"内部动机"在"感知的学习内容"与"资源访问"之间具有部分中介效应。中介效应量结果表明，"内部动机"的中介效应占了"感知的学习内容"对"资源访问"总效应的55.9%。这表明了，本研究中的"感知的学习内容"对"资源访问"的效应一部分是通过"内部动机"中介的。

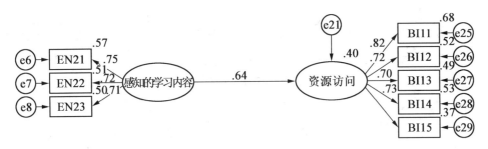

图3-7 感知的学习内容对资源访问的预测模型

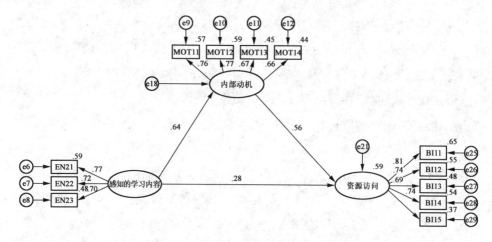

图 3-8 有内部动机中介的感知的学习内容对资源访问的预测模型

5."感知的学习内容"对"活动参与"的总效应模型关键拟合指标结果。N=333,RMSER=0.046,SRMR=0.042,IFI=0.989,TLI=0.979,CFI=0.989。路径结果显示(图 3-9),自变量中"感知的学习内容"对"活动参与"具有显著的正向效应,因此,将引入"内部动机"变量进行"感知的学习内容"与"活动参与"的中介效应检验。最终模型的适配度检验结果(图 3-10)表现为,关键适配指标:N=333,RMSER=0.065,SRMR=0.062,IFI=0.958,TLI=0.940,CFI=0.958。可见,该模型具有很好的数据适配度。从结构上,"感知的学习内容"对"内部动机"具有显著的正向效应,同时,"内部动机"对"活动参与"的影响也达到显著水平,因此可以认为在"感知的学习内容"与"活动参与"之间有"内部动机"中介效应的存在。

表 3-14 显示出,当把"内部动机"引入模型后,"感知的学习内容"对"活动参与"的直接效应不再显著,也就是说,"内部动机"在"感知的学习内容"与"活动参与"之间具有完全中介效应。中介效应量结果表明,"内部动机"的中介效应占了"感知的学习内容"对"活动参与"总效应的85.9%。这表明了,本研究中的"感知的学习内容"对"活动参与"的效应几乎全部要通过"内部动机"中介的。

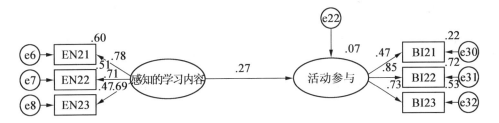

图3-9 感知的学习内容对活动参与的预测模型

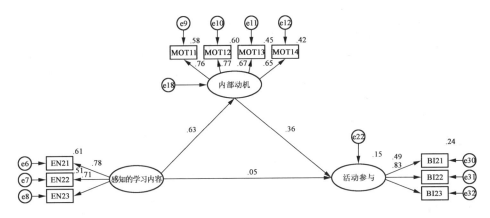

图3-10 有内部动机中介的感知的学习内容对活动参与的预测模型

6. "感知的学习内容"对"任务完成"的总效应模型关键拟合指标结果。$N=333$,$RMSER=0.075$,$SRMR=0.056$,$IFI=0.973$,$TLI=0.949$,$CFI=0.973$。路径结果显示(图3-11),自变量中"感知的学习内容"对"任务完成"具有显著的正向效应,因此,将引入"内部动机"变量进行"感知的学习内容"与"任务完成"的中介效应检验。最终模型的适配度检验结果(图3-12)表现为,关键适配指标:$N=333$,$RMSER=0.057$,$SRMR=0.055$,$IFI=0.969$,$TLI=0.956$,$CFI=0.968$。可见,该模型具有很好的数据适配度。从结构上,"感知的学习内容"对"内部动机"具有显著的正向效应,同时,"内部动机"对"任务完成"的影响也达到显著水平,因此可以认为在"感知的学习内容"与"资源访问"之间有"内部动机"中介效应的存在。

表3-14显示出,当把"内部动机"引入模型后,"感知的学习内容"对"任

务完成"的直接效应不再显著,也就是说,"内部动机"在"感知的学习内容"与"任务完成"之间具有完全中介效应。中介效应量结果表明,"内部动机"的中介效应占了"感知的学习内容"对"任务完成"总效应的69.9%。这表明了,本研究中的"感知的学习内容"对"任务完成"的效应几乎全部要通过"内部动机"中介的。

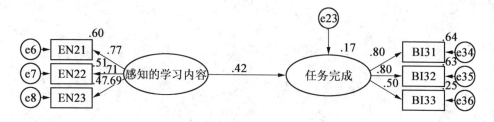

图3-11 感知的学习内容对任务完成的预测模型

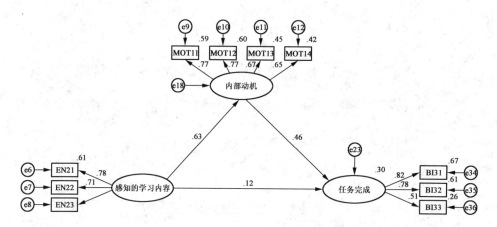

图3-12 有内部动机中介的感知的学习内容对任务完成的预测模型

表3-14 学习环境预测的内部动机效应量统计

| | | | 路径 | 效应量 | 显著性 | 中介效应 |
|---|---|---|---|---|---|---|
| 感知的学习支持 | 内部动机 | 资源访问 | 总效应 $C$ | 0.824 | *** | — |
| | | | 直接效应 $c$ | 0.613 | *** | 部分 |
| | | | 间接效应 $a*b$ | 0.209 | *** | 中介 |
| | | | 中介效应量 $a*b/C$ | 0.254 | — | — |

续表 3-14

| | | | 路径 | 效应量 | 显著性 | 中介效应 |
|---|---|---|---|---|---|---|
| 感知的学习支持 | 内部动机 | 活动参与 | 总效应 C | 0.541 | *** | — |
| | | | 直接效应 c | 0.536 | *** | 不存在 |
| | | | 间接效应 a*b | 0.007 | 不显著 | — |
| | | | 中介效应量 a*b/C | — | — | — |
| 感知的学习支持 | 内部动机 | 任务完成 | 总效应 C | 0.522 | *** | — |
| | | | 直接效应 c | 0.287 | *** | 部分 |
| | | | 间接效应 a*b | 0.235 | *** | 中介 |
| | | | 中介效应量 a*b/C | 0.254 | — | — |
| 感知的学习支持 | 内部动机 | 资源访问 | 总效应 C | 0.635 | *** | — |
| | | | 直接效应 c | 0.281 | *** | 部分 |
| | | | 间接效应 a*b | 0.355 | *** | 中介 |
| | | | 中介效应量 a*b/C | 0.559 | — | — |
| 感知的学习支持 | 内部动机 | 活动参与 | 总效应 C | 0.269 | *** | — |
| | | | 直接效应 c | 0.049 | 不显著 | 完全 |
| | | | 间接效应 a*b | 0.231 | *** | 中介 |
| | | | 中介效应量 a*b/C | 0.859 | — | — |
| 感知的学习支持 | 内部动机 | 任务完成 | 总效应 C | 0.418 | *** | — |
| | | | 直接效应 c | 0.123 | 不显著 | 完全 |
| | | | 间接效应 a*b | 0.292 | *** | 中介 |
| | | | 中介效应量 a*b/C | 0.699 | — | — |

## 二、有外部动机中介的学习行为预测模型

1. "感知的学习支持"对"资源访问"的总效应模型关键拟合指标结果。$N=333$，$RMSER=0.067$，$SRMR=0.029$，$IFI=0.962$，$TLI=0.949$，$CFI=0.961$。路径结果显示（图 3-13），自变量中"感知的学习支持"对"资源访问"具有显著的正向效应，因此，将引入"外部动机"进行"感知的学习支持"与"资源访问"的中介效应检验。最终模型的适配度检验结果（图 3-14）表现为，关键适配指

标:N = 333,RMSER = 0.063,SRMR = 0.048,IFI = 0.947,TLI = 0.934,CFI = 0.946。可见,该模型具有很好的数据适配度。从结构上,"感知的学习支持"对"外部动机"具有显著的正向效应,然而,"外部动机"对"资源访问"的影响不够显著,因此可以认为在"感知的学习支持"与"资源访问"之间不存在"外部动机"中介效应。

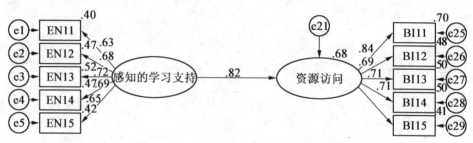

图3-13 感知的学习支持对资源访问的预测模型

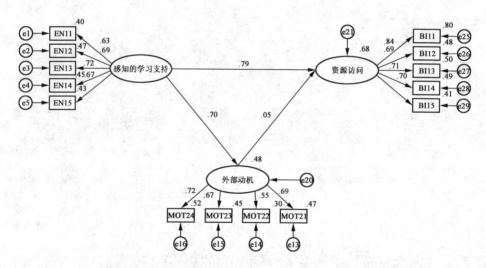

图3-14 有外部动机中介的感知的学习支持对资源访问的预测模型

2."感知的学习支持"对"活动参与"的总效应模型关键拟合指标结果。N = 333,RMSER = 0.060,SRMR = 0.046,IFI = 0.962,TLI = 0.943,CFI = 0.961。路径结果显示(图3-15),自变量"感知的学习支持"对"活动参与"具有显著的正向效应,因此,将引入"外部动机"变量进行"感知的学习支持"与"活动参与"

的中介效应检验。最终模型的适配度检验结果(图 3-16)表现为,关键适配指标:N = 333,RMSER = 0.059,SRMR = 0.054,IFI = 0.952,TLI = 0.938,CFI = 0.952。可见,该模型具有很好的数据适配度。从结构上,"感知的学习支持"对"外部动机"具有显著的正向效应,然而,"外部动机"对"活动参与"的影响未能达到显著水平,因此可以认为在"感知的学习支持"与"活动参与"之间不存在"外部动机"的中介效应。

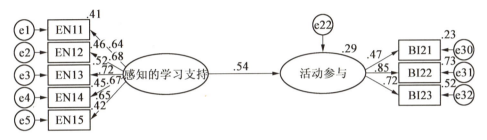

图 3-15 感知的学习支持对活动参与的预测模型

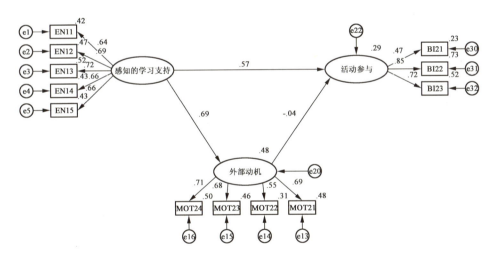

图 3-16 有外部动机中介的感知的学习支持对活动参与的预测模型

3."感知的学习支持"对"任务完成"的总效应模型关键拟合指标结果。N = 333,RMSER = 0.045,SRMR = 0.041,IFI = 0.976,TLI = 0.968,CFI = 0.976。路径结果显示(图 3-17),自变量"感知的学习支持"对"任务完成"具有显著的正向效应,因此,将引入"外部动机"变量进行"感知的学习支持"与"任务完成"的中介效应检验。最终模型的适配度检验结果(图3-18)表现为,关键适配指标:N=333,RMSER=0.058,SRMR=0.049,IFI=0.955,TLI=0.940,CFI=0.954。可见,该模型具有很好的数据适配度。从结构上,"感知的学习支持"对"外部动机"具有显著的正向效应,然而,"外部动机"对"任务完成"的影响未达到显著水平,因此可以认为在"感知的学习支持"与"任务完成"之间不存在"外部动机"中介效应。

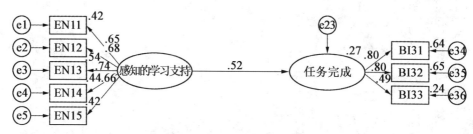

图3-17 感知的学习支持对任务完成的预测模型

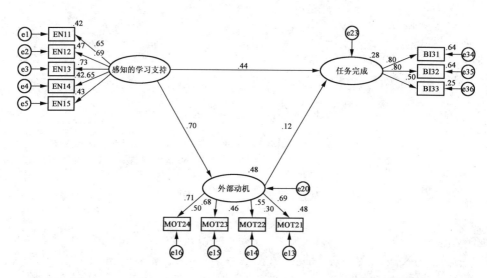

图3-18 有外部动机中介的感知的学习支持对任务完成的预测模型

4."感知的学习内容"对"资源访问"的总效应模型关键拟合指标结果。N=333,RMSER=0.053,SRMR=0.031,IFI=0.982,TLI=0.973,CFI=0.982。

路径结果显示(图3-19),自变量中"感知的学习内容"对"资源访问"具有显著的正向效应,因此,将引入"外部动机"变量进行"学习内容"与"资源访问"的中介效应检验。最终模型的适配度检验结果(图3-20)表现为,关键适配指标:$N = 333$,$RMSER = 0.062$,$SRMR = 0.046$,$IFI = 0.955$,$TLI = 0.941$,$CFI = 0.954$。可见,该模型具有很好的数据适配度。从结构上,"感知的学习内容"对"外部动机"具有显著的正向效应,同时,"外部动机"对"资源访问"的影响也达到显著水平,因此可以认为在"感知的学习内容"与"资源访问"之间有"外部动机"中介效应的存在。

表3-15显示出,当把"外部动机"引入模型后,"感知的学习内容"对"资源访问"的直接效应虽然仍显著却减弱很多,也就是说,"外动动机"在"感知的学习内容"与"资源访问"之间具有部分中介效应。中介效应量结果表明,"外部动机"的中介效应占了"感知的学习内容"对"资源访问"总效应的30.1%。这表明了,本研究中的"感知的学习内容"对"资源访问"的效应一部分是通过"外部动机"中介的。

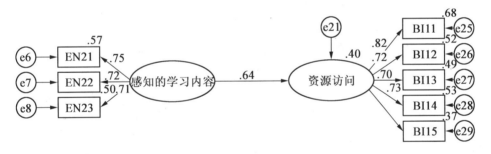

图3-19 感知的学习内容对资源访问的预测模型

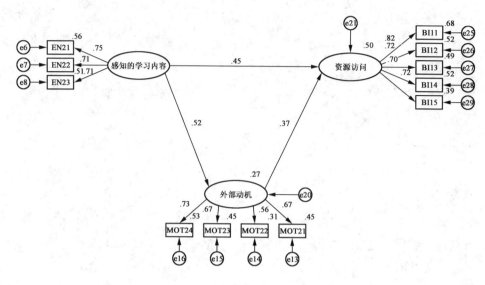

图 3-20 有外部动机中介的感知的学习内容对资源访问的预测模型

5. "感知的学习内容"对"活动参与"的总效应模型关键拟合指标结果。N=333, RMSER=0.046, SRMR=0.042, IFI=0.989, TLI=0.979, CFI=0.989。路径结果显示(图3-21),自变量中"感知的学习内容"对"活动参与"具有显著的正向效应,因此,将引入"内部动机"变量进行"感知的学习内容"与"活动参与"的中介效应检验。最终模型的适配度检验结果(图3-22)表现为,关键适配指标:N=333, RMSER=0.059, SRMR=0.049, IFI=0.959, TLI=0.941, CFI=0.958。可见,该模型具有很好的数据适配度。从结构上,"感知的学习内容"对"外部动机"具有显著的正向效应,同时,"外部动机"对"活动参与"的影响也达到显著水平,因此可以认为在"感知的学习内容"与"活动参与"之间有"外部动机"中介效应的存在。

表3-15显示出,当把"外部动机"引入模型后,"感知的学习内容"对"活动参与"的直接效应不再显著,也就是说,"外部动机"在"感知的学习内容"与"活动参与"之间具有完全中介效应。中介效应量结果表明,"外部动机"的中介效应占了"感知的学习内容"对"活动参与"总效应的55.3%。这表明了,本研究中的"感知的学习内容"对"活动参与"的效应几乎全部要通过"外部动机"中介。

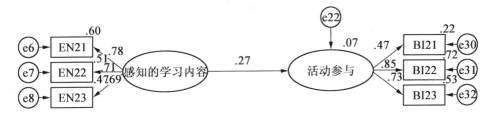

图 3-21 感知的学习内容对活动参与的预测模型

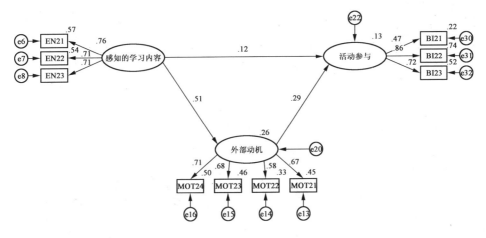

图 3-22 有外部动机中介的感知的学习内容对活动参与的预测模型

6. "感知的学习内容"对"任务完成"的总效应模型关键拟合指标结果。N=333，RMSER=0.075，SRMR=0.056，IFI=0.973，TLI=0.949，CFI=0.973。路径结果显示（图3-23），自变量中"感知的学习内容"对"任务完成"具有显著的正向效应，因此，将引入"内部动机"变量进行"感知的学习内容"与"任务完成"的中介效应检验。最终模型的适配度检验结果（图3-24）表现为，关键适配指标：N=333，RMSER=0.069，SRMR=0.056，IFI=0.948，TLI=0.926，CFI=0.947。可见，该模型具有很好的数据适配度。从结构上，"感知的学习内容"对"外部动机"具有显著的正向效应，同时，"外部动机"对"任务完成"的影响也达到显著水平，因此可以认为在"感知的学习内容"与"资源访问"之间有"外部动机"中介效应的存在。

表3-15显示出，当把"外部动机"引入模型后，"感知的学习内容"对"任

务完成"的直接效应虽然仍显著却减弱很多,也就是说,"外部动机"在"感知的学习内容"与"资源访问"之间具有部分中介效应。中介效应量结果表明,"外部动机"的中介效应占了"感知的学习内容"对"资源访问"总效应的35.2%。这表明了,本研究中的"感知的学习内容"对"资源访问"的效应一部分是通过"外部动机"中介的。

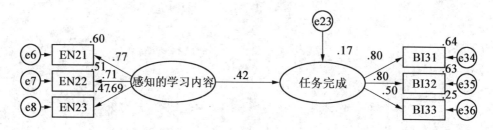

图3-23 感知的学习内容对任务完成的预测模型

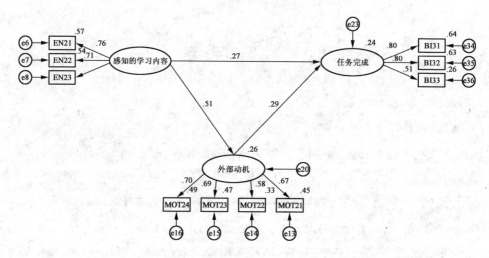

图3-24 有外部动机中介的感知的学习内容对任务完成的预测模型

表 3-15　学习环境预测的外部动机效应量统计

| | | | 路径 | 效应量 | 显著性 | 中介效应 |
|---|---|---|---|---|---|---|
| 感知的学习支持 | 内部动机 | 资源访问 | 总效应 $C$ | 0.824 | *** | — |
| | | | 直接效应 $c$ | 0.786 | *** | 不存在 |
| | | | 间接效应 $a*b$ | 0.037 | 不显著 | |
| | | | 中介效应量 $a*b/C$ | — | — | — |
| 感知的学习支持 | 内部动机 | 活动参与 | 总效应 $C$ | 0.541 | *** | — |
| | | | 直接效应 $c$ | 0.568 | *** | 不存在 |
| | | | 间接效应 $a*b$ | -0.028 | 不显著 | |
| | | | 中介效应量 $a*b/C$ | — | — | — |
| 感知的学习支持 | 内部动机 | 任务完成 | 总效应 $C$ | 0.522 | *** | — |
| | | | 直接效应 $c$ | 0.436 | *** | 不存在 |
| | | | 间接效应 $a*b$ | 0.086 | 不显著 | |
| | | | 中介效应量 $a*b/C$ | — | — | — |
| 感知的学习支持 | 内部动机 | 资源访问 | 总效应 $C$ | 0.635 | *** | — |
| | | | 直接效应 $c$ | 0.446 | *** | 部分 |
| | | | 间接效应 $a*b$ | 0.191 | *** | 中介 |
| | | | 中介效应量 $a*b/C$ | 0.301 | — | — |
| 感知的学习支持 | 内部动机 | 活动参与 | 总效应 $C$ | 0.269 | *** | — |
| | | | 直接效应 $c$ | 0.119 | 不显著 | 完全 |
| | | | 间接效应 $a*b$ | 0.149 | *** | 中介 |
| | | | 中介效应量 $a*b/C$ | 0.553 | — | — |
| 感知的学习支持 | 内部动机 | 任务完成 | 总效应 $C$ | 0.418 | *** | — |
| | | | 直接效应 $c$ | 0.274 | *** | 部分 |
| | | | 间接效应 $a*b$ | 0.147 | *** | 中介 |
| | | | 中介效应量 $a*b/C$ | 0.352 | — | — |

通过上述检验,可以看出,在"感知的学习支持"与"资源访问"之间,"感知的学习支持"与"任务完成"之间,"感知的学习内容"与"资源访问"之间,能够检测出内部动机的部分中介效应;在"感知的学习内容"与"活动参与"之间,"感知的学习内容"与"任务完成"之间,能够检测出"内部动机"的完全中介效

应;在"感知的学习内容"与"资源访问"之间,"感知的学习内容"与"任务完成"之间,能够检测出"外部动机"的部分中介效应;在"感知的学习内容"与"活动参与"之间,能够检测出"外部动机"的完全中介效应。

综合上述问卷调查的数据分析结果发现:首先,学生缺乏在资源库中参与互动活动的行为,这一结果与之前的课堂观察结果一致;第二,学生使用资源库学习的影响因素包括学生感知的学习环境以及学习动机。路径分析结果显示,自变量感知的学习环境与学习动机对因变量学习行为具有较好的解释能力;第三,在学习环境与资源访问、学习环境与任务完成之间检测出学习动机的部分中介效应;在学习环境与活动参与之间检测出学习动机的完全中介效应。也就是说,建构能够激发学生内部动机的学习支持,可以促进学生访问资源库的学习内容、完成资源库的学习任务;建构能够激发学生学习动机的学习内容,不仅可以促进学生访问资源库的学习内容、完成资源库的学习任务,还可以有效促进学生参与资源库的交互活动。通过以上分析,这里可以针对本研究的第二个问题(学习环境感知、学习动机和学习行为三者的关系如何?)和第三个问题(在学习环境感知和学习行为之间是否存在学习动机的中介效应?)给出明确的答案。

# 第四章 基于访谈调查的资源库存在的问题及原因分析

上一章通过问卷调查方法对学生使用资源库的学习情况进行了深入分析，得出了影响资源库学习行为的因素包括学生对学习环境的感知以及学习动机，同时验证了学习动机在学习环境感知与学习行为之间的中介效应。为了进一步解释问卷调查研究结果，挖掘影响学生不能更好地利用资源库学习的深层次原因，本章将基于问卷调查分析结果，以职业教育焊接技术与自动化专业教学资源库为实践情境，采用访谈调查方法，开展对学生和教师的访谈，探究当前资源库没有"吸引力"是否是因为难以激发和维持学生学习动机。因此，以下将分别从访谈提纲的编制、访谈对象的选择、访谈资料的整理与分析、资源库存在的问题及原因分析四个部分加以阐述。

## 第一节 访谈提纲的编制

在问卷调查的基础上，本节将从"感知的学习支持"和"感知的学习内容"两个维度对资源库存在的问题展开研究。"感知的学习支持"主要包括学习者感知到的进行内容学习所需要的平台界面，针对不同的学习内容提供给学习者的导学、督学和助学等教学交互服务，以及能够使学生获得资源库学习满足感的内部奖励途径和外部奖励途径；"感知的学习内容"是指学习者感知到的需要学习的对象。根据前文研究结果，当前学生使用资源库的学习动机不足、学习行为不够，说明设计者在资源库学习环境的设计过程中，未能把激发和维持学生的学习动机作为学习环境设计的核心因素，未能将学习环境和学习动机有机结合起来。依据在教育实践中得到充分验证的凯勒的 ARCS 动机设计模型,激发和维持学生的学习动机应系统地贯穿于整个学习过程中。其中,第一个步骤是要引起和维持学生的注意力,进而引起学生们的好奇心,这是最关键的一步。当注意力被吸引后,根据期望与价值理论,只有当学生认为所要学习的内容与自己的学习目标之间具有密切的关系,才可能表现出浓厚的学习兴趣,于是便可以激励学习动机向正前方发展,这就是学习动机的第二要素——相关性。接下来,学生需要拥有相信自己完全有能力克服学习中遇到的困难而完成任务的自信心,否则就很有可能中途放弃学习任务。最后,当学习的结果与学生的积极期望相一致的时候,学生会感到满足。注意力、切身性、自信心和满足感不分主次,完全是整体的概念,缺少其中任何一个因素都有可能使学生的学习动机丢失(张祖忻,2003)。

于是,以下将围绕注意力、切身性、自信心和满足感四个影响学习动机的因素,从"感知的学习支持"和"感知的学习内容"两个维度,编制职业教育专业教学资源库学生学习情况的访谈提纲,展开对学生和教师的深度访谈。

## 一、"访谈问题一":资源库学习支持的友好度

"访谈问题一":你认为资源库的学习支持友好程度如何?(例如"资源库的平台界面设计是否完善?""平台功能设计是否符合你的学习习惯?""资源库是否具备引导学生进行学习的导学服务?""是否具备帮助学生进行学习的助学服务?""资源库是否具备监督学习、进行学习的督学服务?""通过学习体验,是否提升了你的自信心?你是否满意?")

第一,具有激发学生学习动机功能的平台界面是展开资源库学习的前提要素。学生会根据平台界面设计的合理程度、视觉、听觉等感官度以及平台的方便、交互的友好性等来决定是否会继续自己的学习(郭玉娟,2015)。

第二,学习情境可以使学生的自信心有所提高。学习情境由学习内容和学习目标的活动情境组成。学习情境不仅能够有效联系学习任务与学生的原有学习经验,而且能够连接学生已有的经验与知识和技能(钟志贤,2006)。

第三,学习支持服务是指远程教育院校及其教师为学生学习所提供的各种

设备、资源、信息和人的支持服务的总和,这种支持服务主要以学生与学生、教师与学生之间的人与人的面授以及通过媒体技术进行双向互通的交流(樊文强,2010)。当前学习支持服务大致分为"导学""督学"和"助学"三个方面,三个方面相辅相成、互为一体,既相互关联,又相对独立。三个方面共同发挥着"以学生为中心"的学习环境和学生个别化自主学习的需要的影响作用。

第四,学习满足感是促使学生继续进行学习的主要动力,它是学生在学习认知过程中体验到的一种心理愉悦,是在学习取得成效时学生个体所获得的幸福和快乐的心理感受和心灵状态(Keller,1996)。

针对上述内容,编制了该部分的访谈问题,试图从学生的视角对资源库学习支持的友好度进行研讨和评论。

### 二、"访谈问题二":资源库学习内容的优异性

"访谈问题二":你认为资源库的学习内容是否优异?(例如"学习内容是否能够满足你的学习目标?""学习内容是否符合你的个性需求?""学习内容是否枯燥乏味?")

学习内容与学习目标之间的相关关系也就是 ARCS 动机设计模型中的切身性。根据期望与价值理论,学生的学习目标与学习内容的相关程度能够决定他们对学习内容的学习深度。在学生的注意力被吸引之后,学生很有可能产生"我所要达到的学习目标与即将要学习的内容是否有关系?"的疑问也就是说,只有在学生认为即将要学习的资源与预期达到的学习目标是有密切关系的时候,往往能表现出较大的学习兴趣,于是就自然能够激励学生的学习动机向正向发展。基于上述内容,编制了该部分的访谈问题,试图从学生的视角对资源库学习内容的优异程度进行研讨和评论。

## 第二节 访谈对象的选择

以下部分将针对学生和教师展开访谈调查研究。学生访谈对象是来自不同参建学校焊接技术与自动化专业的 22 名学生,其中,所有学生均具有资源库

的学习经历。相关信息见表4-1。另应科研伦理的要求,不出现其真实姓名,学生代号以"CS"(College Student)开头。

表4-1 学生访谈对象的相关信息

| 代号 | 性别 | 所在学校 | 所学专业 |
| --- | --- | --- | --- |
| CS01 | 男 | 学校2 | 焊接技术与自动化 |
| CS02 | 女 | 学校2 | 焊接技术与自动化 |
| CS03 | 男 | 学校2 | 焊接技术与自动化 |
| CS04 | 男 | 学校2 | 焊接技术与自动化 |
| CS05 | 男 | 学校2 | 焊接技术与自动化 |
| CS06 | 男 | 学校8 | 焊接技术与自动化 |
| CS07 | 男 | 学校8 | 焊接技术与自动化 |
| CS08 | 男 | 学校6 | 焊接技术与自动化 |
| CS09 | 男 | 学校6 | 焊接技术与自动化 |
| CS10 | 男 | 学校1 | 焊接技术与自动化 |
| CS11 | 男 | 学校1 | 焊接技术与自动化 |
| CS12 | 男 | 学校1 | 焊接技术与自动化 |
| CS13 | 男 | 学校1 | 焊接技术与自动化 |
| CS14 | 男 | 学校1 | 焊接技术与自动化 |
| CS15 | 男 | 学校1 | 焊接技术与自动化 |
| CS16 | 男 | 学校5 | 焊接技术与自动化 |
| CS17 | 女 | 学校5 | 焊接技术与自动化 |
| CS18 | 男 | 学校5 | 焊接技术与自动化 |
| CS19 | 男 | 学校4 | 焊接技术与自动化 |
| CS20 | 男 | 学校4 | 焊接技术与自动化 |
| CS21 | 男 | 学校3 | 焊接技术与自动化 |
| CS22 | 男 | 学校3 | 焊接技术与自动化 |

选择上述拥有一定资源库学习经历的学生作为访谈对象的理由是:学生只有涉及专业课程的学习,才能够对高职学习拥有初步认知,对专业现状、就业发

展拥有清醒的认识,学习动机才能够得到激发,进而能够对资源库的学习支持和学习内容具有较为系统、深入和正确的把握,可以更好地应对与资源库相关的访谈问题。

本书研究的教师访谈对象是来自不同参建学校焊接技术与自动化专业的13位专业教师,相关信息见表4-2,另应科研伦理的要求,不出现其真实姓名,教师代号以"CT"(College Teacher)开头。这些专业教师都工作在所在学校的教学和科研第一线,具有丰富的教学和科研经验,进而能够对资源库的学习支持和学习内容具有较为系统、深入和正确的把握,可以更好地应对资源库相关的访谈问题。

表4-2 教师访谈对象的相关信息

| 代号 | 性别 | 所在学校 | 所在院系 | 所学专业 |
| --- | --- | --- | --- | --- |
| CT01 | 男 | 学校2 | 机电工程学院 | 焊接技术与自动化 |
| CT02 | 男 | 学校2 | 机电工程学院 | 焊接技术与自动化 |
| CT03 | 男 | 学校2 | 机电工程学院 | 焊接技术与自动化 |
| CT04 | 男 | 学校2 | 机电工程学院 | 焊接技术与自动化 |
| CT05 | 男 | 学校2 | 机电工程学院 | 焊接技术与自动化 |
| CT06 | 男 | 学校2 | 机电工程学院 | 焊接技术与自动化 |
| CT07 | 男 | 学校1 | 机械工程技术系 | 焊接技术与自动化 |
| CT08 | 女 | 学校1 | 机械工程技术系 | 焊接技术与自动化 |
| CT09 | 男 | 学校1 | 机械工程技术系 | 焊接技术与自动化 |
| CT10 | 男 | 学校3 | 材料工程系 | 焊接技术与自动化 |
| CT11 | 男 | 学校3 | 材料工程系 | 焊接技术与自动化 |
| CT12 | 女 | 学校5 | 机械工程系 | 焊接技术与自动化 |
| CT13 | 男 | 学校4 | 材料工程系 | 焊接技术与自动化 |

## 第三节 访谈资料的整理与分析

遵从访谈提纲,运用恰当的访谈技巧,注重对访谈过程的适当控制,围绕"感知的学习支持"和"感知的学习内容"两个维度,对学生和部分教师展开半结构化访谈调查。接下来,将经过分析文本、按照三级编码程序进行编码、归类属性等步骤,整理和解读访谈调查研究资料,对相对分散的访谈原始资料进行整理(编码),形成相互支持的证据与结论。

如图4-1所示,三级编码程序包括开放式编码、主轴性编码和选择性编码。开放式编码(Open Coding),作为一级编码,它是最初对所搜集的访谈资料进行分析时使用的编码类型,通过先设置一些主题,将最初的标签或代码分配到被访资料中,以便于将较大数量零散的资料转变成不同的类别。轴心式编码(Axial Coding),也称为关联式编码,作为二级编码,它是开始于初步的主题或概念,同时在分析被访资料的过程中不断组织各种观点和主题,进而识别作为轴心的关键概念。轴心式编码关注于发掘和建立类别之间的语义关系、因果关系等关系。选择性编码(Selective Coding),也称为核心编码,作为三级编码,它是基于开放式编码或主轴式编码,对具有主题的个案进行选择性查找,进而对资料进行对照和比较。也就是说,在对资料进行最终的分析判断时,已经能够判别出研究主题中的最主要研究主题。

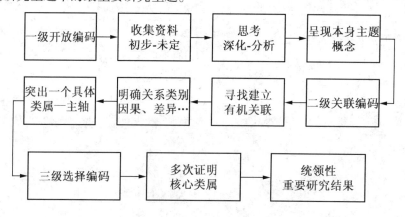

图4-1 三级编码程序流程图

本书首先通过开放式编码对访谈内容做整体呈现,进而基于对开放式编码的归纳,通过分析与研究所获得的"概念化命名"以及相互之间的语义关系,对具有代表性的编码进行归纳整理,归纳资源库学习环境存在的问题主轴性编码和选择性编码。由于开放式编码是对访谈内容的整体呈现,因此除开放式编码外,本书将被访者的访谈资料均以表格的形式呈现,表格中的第一列为被访者的代号,第二列为对被访者访谈内容的归纳,第三列为编码,即依据被访者访谈内容提炼出的核心内容。以下将对被访者的主流意见加以归纳,进而呈现出当前资源库存在的问题。

## 一、资源库学习支持的友好度尚需提升

"访谈问题一":你认为资源库的学习支持友好程度如何?(例如"资源库的平台界面设计是否完善?""平台功能设计是否符合你的学习习惯?""资源库是否具备引导学生进行学习的导学服务?""是否具备帮助学生进行学习的助学服务?""资源库是否具备监督学习、进行学习的督学服务?""通过学习体验,是否提升了你的自信心?你是否满意?")

关于该访谈问题的调查结果见表4-3。

表4-3 关于"资源库学习支持的友好度"的学生访谈结果

| 观点 | 学生访谈对象 | 人数 | 占比 |
| --- | --- | --- | --- |
| 尚需完善 | CS01、CS04、CS05、CS06、CS07、CS08、CS10、CS11、CS12、CS13、CS14、CS15、CS16、CS17、CS18、CS19、CS20、CS21、CS22、CT1、CT2、CT3、CT4、CT5、CT6、CT7、CT8、CT9、CT10、CT11、CT12、CT13 | 32 | 91.4% |
| 完全认同 | CS02、CS03、CS09 | 3 | 8.5% |
| 总计 | | 35 | 100% |

由表可以看出,有8.5%的访谈对象完全认同当前资源库的学习支持,而认为资源库学习支持的友好度需要进一步完善的观点占91.4%,访谈对象针对主

流观点所给出的理由主要包括如下几点：

第一，平台界面设计有待完善。

例如 CS01 的观点是：

"我认为平台界面设计还不是那么友好。我感觉现在资源库的界面颜色比较单一，不能吸引我们的注意力。希望可以增加艺术感和美感，更希望可以将一些符合专业的特色内容注入进来。"

CS14 的观点是：

"我认为平台界面还不是很完善。有时点击链接地址时，显示的内容不是很清晰，想找到的内容跟链接不是那么对应。"

CS16 的观点是：

"为了快速找到所学内容，我会习惯性地在搜索栏中输入关键词，但是目前资源库的搜索栏似乎不支持内容搜索，对此我感觉很无奈。"

CS21 的观点是：

"我是班级的学习委员，我会协助老师完成一些力所能及的工作，但发现当前资源库存在以下几方面需要改善之处，包括习题库模块无法实现批量导入、重复题自动筛选、根据学习者需求自动生成试卷并自动评分等功能"等问题。希望将来资源库能够在这几方面加强，方便老师教和学生学。

第二，功能设计有些脱离实际。

例如 CS04 的观点是：

"我认为当前资源库平台功能设计未能充分考虑职业教育学生及在线学习者的学习习惯，仍然是设计者的思维和风格的呈现。"

CS05 的观点是：

"我认为平台界面设计还不是那么友好，平台服务模式仍没有脱离教师讲授型的教学模式，资源库是为了让学生自主学习，应该设计得符合学习者的自主学习习惯。"

CS06 的观点是：

"我认为老师在课程设计和学习组织，以及学生进行交互学习等方面可发挥空间较小、互动交流功能较弱，希望今后资源库能够开发出符合学生学习习惯的学习支持功能。"

CS11 的观点是：

"我认为当前资源库的学习支持水平有待提高，因为当我们在使用资源库的过程中遇到问题时，不知道如何寻求帮助，这个问题不是只有我自己发现，大部分同学都发现了。"

第三，用户体验满足感有待提升。表现为"访问资源库时呈现响应速度缓慢状态""缺少教师教学用版本手机客户端"等。

例如 CS17 的观点是：

"我感觉，目前访问资源库时呈现的响应速度极其缓慢，我们每个人的手机流量充足，打开其他应用时都挺快的，只是资源库的界面，打开它真的不容易。"

CS19 的观点是：

"我认为当前资源库应该增加老师教学用版本手机客户端，老师上课还是通过电脑登录，我们不在教室的环境下，就没有办法时时同步教学，这一点对于老师而言，我觉得挺不方便的。"

第四，互动条件的创新性亟待完善。

例如 CS02 的观点是：

"我希望资源库能具备类似 QQ 运动的奖励功能，学习到一定程度，就会有小小的奖励，不需要很多，因为当有很多奖励的时候同学们该去造假了，就没意义了。适当的奖励会促使我们有更大的学习兴趣。"

CT02 的观点是：

"我认为当前资源库的激励措施尚为缺乏，学校缺乏资源建设应用的激励政策。而缺乏评价机制和激励机制是会严重地影响资源库建设者和学习者的积极性的。以我所在学校为例，我感觉学校更重视资源库项目的建设工作，而这项工作主要由我们专业教师承担。资源库建设本应是一项多方配合、持久发展的繁杂工作，若不采取任何激励措施，仅靠参建人员按部就班，长此以往教师就会产生懈怠的工作情绪，很难长期有效地推进该项工作，资源库也很难及时有效发挥其应有的作用。"

CT08 的观点是：

"个人认为当前资源库的学习成果认证制度有待完善。在终身学习理念指导下,许多国家和地区实践与探索不同类型学习者学习成果的认证、评估、相互转换和成果积累等相关的管理制度,如代表世界教育领域的一种新的发展趋势的欧洲的学分互认体系和学习资历框架,旨在构建新的教育制度、体系及培养模式。自改革开放以来,学分制在我国的许多重点高校得以实行。记得是在1993 年,《国家高等教育改革和发展纲要》里提到,学分制将在全国高等院校逐步推行。时隔十一年,为了强调信息技术在学分制改革中的重要作用,2014 年广东省教育厅率先发布了《关于普通高等学校实施学分制管理的意见》,进而将在线教学作为提升个性化互动教学水平的重要途径。然而学分制管理、学分设置、学分互认等措施在资源库领域实施进展速度缓慢,亟须充分考虑社会、经济、文化等原因,发挥现代高等教育课程特征的选修制作用,建立基于资源库的学分银行体系。"

基于对上述开放式编码内容的归纳,对具有代表性的编码进行归纳整理,归纳资源库学习支持存在的问题的四个主轴性编码(表4-4、表4-5、表4-6、表4-7)。

表4-4 关于"界面设计"访谈资料的记录和归纳

| 代号 | 访谈资料 | 编码 |
| --- | --- | --- |
| CS01 | "界面设计还不是那么友好""界面颜色比较单一" | 【界面设计不够友好】 |
| CS14 | "点击链接地址时,显示的内容不是很清晰" | 【链接与内容不对应】 |
| CS16 | "目前资源库的搜索栏似乎不支持内容搜索" | 【不支持内容检索】 |

表 4-5　关于"功能设计"访谈资料的记录和归纳

| 代号 | 访谈资料 | 编码 |
|---|---|---|
| CS04 | "功能设计未能充分考虑职业教育学生及在线学习者的学习习惯,仍然是设计者的思维和风格呈现" | 【未考虑职教学生及在线学习者的学习习惯】 |
| CS05 | "平台服务模式仍没有脱离教师讲授型的教学模式" | 【未符合自主学习者学习习惯】 |
| CS06 | "老师在课程设计和学习组织,以及学生进行交互学习等方面可发挥空间较小、互动交流功能较弱" | 【互动交流功能较弱】 |
| CS11 | "使用资源库遇到问题时,不知如何寻求帮助" | 【学习支持水平有待提高】 |

表 4-6　关于"用户体验"访谈资料的记录和归纳

| 代号 | 访谈资料 | 编码 |
|---|---|---|
| CS17 | "访问资源库时呈现的响应速度极其缓慢" | 【响应速度慢】 |
| CS19 | "由于缺少教师版手机客户端,当不在教室的环境下,学生没有办法与老师时时同步学习" | 【缺乏教师版手机客户端】 |

表 4-7　关于"互动条件的创新性"访谈资料的记录和归纳

| 代号 | 访谈资料 | 编码 |
|---|---|---|
| CS02 | "适当的奖励会促使我们更有学习的兴趣" | 【缺少适当的奖励】 |
| CT02 | "当前资源库的激励措施尚为缺乏,学校缺乏资源建设应用的激励政策" | 【学校缺乏资源建设应用的激励政策】 |
| CS08 | "学分制管理、学分设置、学分互认等措施在资源库领域实施进展速度缓慢" | 【学习成果认证制度有待完善】 |

可见,当前资源库的学习支持平台与"便捷、成效、促用"的建设目标尚存在较大差距,表现为特色不够鲜明、技术功能较少、教学支持弱化、激励措施缺乏、用户体验不够满意等问题,极大地影响了学习者利用资源库的积极性,进而影响了资源库的使用。总体看来,当前资源库较多专注于资源内容本身,以介绍信息为主,较少考虑学生的学习习惯,在线学习支持服务基本无法实现实时同步,或虽采用学习支持服务,却少有符合学生实际或者切实能够解决学生存在

的问题的相应的学习支持服务内容，削弱了学生的学习积极性，降低了教育教学资源的有效利用。因此在大数据时代背景下，为了更好地促进学生的学习效率，应分析学生在资源库中产生的大量数据信息并挖掘其教育意义，针对不同的学习内容提供丰富、适切的教学交互服务，为学生提供能够激发和维持学习动机的优质高效的导学、督学和助学支持服务。

## 二、资源库学习内容的优异性有待提高

"访谈问题二"：你认为资源库的学习内容是否优异？（例如"学习内容是否能够满足你的学习目标？""学习内容是否符合你的个性需求？""学习内容是否感觉枯燥乏味？"）

关于该访谈问题的调查结果见表 4-8。

表 4-8 关于"资源库学习内容的优异性"的学生访谈结果

| 观点 | 学生访谈对象 | 人数 | 占比 |
| --- | --- | --- | --- |
| 尚需完善 | CS01、CS04、CS05、CS06、CS07、CS08、CS10、CS11、CS12、CS13、CS14、CS15、CS16、CS17、CS18、CS19、CS20、CS21 | 18 | 81.8% |
| 完全认同 | CS02、CS03、CS09、CS22 | 4 | 18.2% |
| 总计 | | 22 | 100% |

由表可以看出，有 18.2% 的学生完全认同当前资源库的学习内容，而认为资源库学习内容的优异性需要进一步完善的观点占 81.8%，学生访谈对象针对主流观点所给出的理由主要包括如下几点：

第一，稳定性不够高。

例如 CS04 的观点是：

"我认为资源库学习内容的优异性还有待提高。比如，当访问库中课程《焊条电弧焊》时，会存在 word 或 pdf 文件打不开、视频文件打开有声音但是无法显示图像等不稳定现象。经常出现这样的情况，我就没有耐心再去访问了。"

第二，不具备新颖性。

CS01 的观点是：

"我认为当前资源库总存在着过分盲目追求资源建设的数量,而没有完全将我们学习者感兴趣的资源融入资源库。我自己也会下载和购买很多网络课程资源,他们做的就比较有趣味性。"

CS06 的观点是:

"当初焊接专业是我自己选择的,我就期待着能够在资源库中获取到焊接行业发展的趋势特色、前沿技术、最新成果,只是当前看来,似乎还没有让我很满意。"

CS10 的观点是:

"我想通过专业教学资源库的学习,获得考取国际对口职业资格证书方面的帮助,但是发现,目前资源库在引入国际对口职业资格证书方面拓展不足。"

CS11 的观点是:

"我感觉当前资源库的内容方面还有待完善,因为在资源库中我会偶尔发现与过去老师推荐过的精品课程类似的资源,难道资源库就是简单包装移植的精品课程资源?"

第三,颗粒化不够彻底。

例如 CS14 的观点是:

"我认为资源库中尚未包含焊接专业所有知识点和岗位基本技能点,因为当遇到感兴趣的专业核心问题或难点问题时,我根本无法查找得到。"

基于对上述开放式编码内容的归纳,对具有代表性的编码进行归纳整理,归纳资源库学习内容存在问题的三个主轴性编码(表4-9、表4-10、表4-11)。

表4-9 关于"稳定性"访谈资料的记录和归纳

| 代号 | 访谈资料 | 编码 |
|---|---|---|
| CS04 | "学习内容的优异性还有待提高""word 或 pdf 文件打不开、视频文件打开有声音但是无法显示图像等" | 【学习内容的优异性有待提高】 |

表4-10 关于"新颖性"访谈资料的记录和归纳

| 代号 | 访谈资料 | 编码 |
| --- | --- | --- |
| CS01 | "存在着过分盲目追求资源建设的数量,而没有完全将我们学习者感兴趣的资源融入资源库" | 【缺少学习者感兴趣的资源】 |
| CS06 | "期待着能够在资源库中获取到焊接行业发展的趋势特色、前沿技术、最新成果" | 【缺乏行业最新动态展示】 |
| CS10 | "在引入国际对口职业资格证书方面拓展不足" | 【需提供国际对口职业资格证书方面的帮助】 |
| CS11 | "会偶尔发现与过去老师推荐过的精品课程类似的资源" | 【学习内容有待完善】 |

表4-11 关于"颗粒化"访谈资料的记录和归纳

| 代号 | 访谈资料 | 编码 |
| --- | --- | --- |
| CS14 | "当遇到感兴趣的专业核心问题或难点问题时,根本无法查找得到" | 【未包含专业所有知识点和岗位基本技能点】 |

可见,当前存在于资源库中的教学模式,仍主要遵循行为主义学习理论,而建构主义学习理论和联通主义学习理论并没有在当前的互联网+时代的知识传播和人才培养模式中得到更大范围的应用和探索,表现出资源浏览、下载等浅层次行为居多,讨论、测试、作业等深度行为偏少,呈现出"为用而用""为数据而数据"的肤浅、狭隘应用情形。

在上述开放式编码和主轴性编码的基础上,本书最终整理出关于资源库学习环境在学习支持和学习内容两个方面存在问题的选择性编码,即当前资源库学习环境存在的问题(图4-2)。

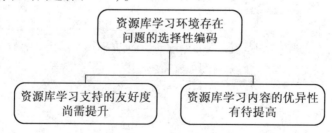

图4-2 资源库学习环境存在的问题

## 第四节 资源库存在的问题及原因分析

### 一、资源库存在的问题

访谈调查结果表明,当前资源库存在的问题主要表现为以下两大方面:

第一,学习支持的友好度尚需提升。表现为:学习平台特色不够鲜明、技术功能较少、激励措施缺乏、教学支持弱化等。当前,资源库较多专注于资源内容本身,以介绍信息为主,较少考虑学生的学习习惯,在线学习支持服务基本无法实现实时同步,或虽采用学习支持服务,却少有符合学生实际或者切实能够解决学生存在的问题的相应的学习支持服务内容,缺少相应的激励机制,削弱了学生的学习积极性,降低了教育教学资源的有效利用,削弱了用户体验的满意度。

第二,学习内容的优异性有待提高。表现为:稳定性不高、新颖性不够、颗粒化不彻底等。当前,学习内容虽然能够满足学生对资源库学习的基本需求,能够体现出开放式教育所拥有的资源分享与知识传播的基本设计初衷,但优质资源因为教学模式的限制而无法得到充分发挥,导致课程在维持学生的学习动机、引发学生的积极投入、形成良好的学习互动、继而促进学生进行深度学习等方面存在一定的缺陷,无法呈现用户行为与混合式教学模式规律相符合的强相关性,增加教师和学生的负担,无法充分体现资源库的应用范围和优质资源的应有价值。

### 二、资源库存在的问题的原因分析

根据上文对资源库存在的问题的归纳,以下将围绕激发学生学习动机的要素"注意力""相关性""自信心""满足感",对资源库存在的问题的原因进行分析。

#### (一)平台界面设计未能激发学生的注意力

能够激发学生学习动机的平台界面是展开资源库学习的前提要素。学生会根据平台界面设计的合理程度、视觉、听觉等感官度以及平台的方便、交互的友好性等来决定是否会继续自己的学习(郭玉娟,2015)。学习动机首先关注的是激发并维持学生的注意力,然而激发学生的注意力必须站在学生的角度,以学生为中心,构建对学生有益处的策略,变被动地听课和完成任务,向主动式的、交互型的、由各种问题讨论组成的课堂转型(周子勋,2016),这样才能使学生主动参与知识的建构,有效地达成学习目标。

同时,为了给学生搭建具有较强视觉冲击、符合学生学习习惯的可视化交互平台界面,可以充分利用网络的特性,变换平台模板的风格,设计具有吸引力新颖、富有美感、生动和有趣的内容和界面,全方位地对平台界面展开设计。其中,色彩搭配也非常重要,成功的色彩搭配效果能够向人们传递出积极乐观向上的正面信息,可以带给学生较强的视觉冲击,能够提高学生的学习情绪,能够吸引学生的注意力。当然,只是通过更换平台的媒体呈现方式引起学生的注意力是不够的,更大的挑战在于如何持续地唤起学生的好奇心,使学生面对更多有趣的问题,彻底地激发和维持学习的动机(Keller,1987)。

### (二)学习内容与学习目标之间缺乏相关性

学习内容与学习目标之间的相关性也就是 ARCS 动机设计模型中的切身性。切身性包括过程指向切身性和目的指向切身性两种形式(郭德俊,1999)。其中,过程指向切身性偏重于关注学生在学习的过程中的感受,强调在学习过程中能够使学生感受到自己的个性特征与学习本身是相符合的。当学生自认为在学习的过程中拥有了较好的情绪感受时,学生的学习动机自然将被激发。相比过程指向切身性,目的指向切身性则具有非常强的功利性和实用性,也就是说当学生感受到所学习的内容将有助于他达到某种目的的时候,学生的学习动机才会被激发。从本质上来讲,过程指向切身性和目的指向切身性的区别在于,过程指向切身性强调学生在学习过程中享有的愉悦感受,它不会使学习者感受到学习的负担,可以使原本枯燥、抽象的学习变得生动乐趣。而目的指向切身性强调把动机的源头定位于外部功利性目标的设置上,虽然合理地设置学习目标有助于学生内化其学习动机,但是学习目标仍然是外部诱因的一部分,学习动机所发挥的作用不能够持续得过于长久,因此,教学设计者极其有必要结合这两种指向切身性,旨在发挥最佳的学习效果(Keller,1988)。

当前资源库的教学模式虽然能够满足学生对资源库学习的基本需求,能够体现出开放式教育所拥有的资源分享与知识传播的基本设计初衷,但优质资源会因为教学模式的限制而无法得到充分发挥,导致课程在维持学生的学习动机、引发学生的积极投入、形成良好的学习互动,继而促进学生进行深度学习等方面存在一定的缺陷,无法呈现用户行为与混合式教学模式规律相符合的强相关性,增加教师和学生的负担,无法充分体现资源库的应用范围和优质资源的应用价值。尤其是对于"颗粒化"资源,它是资源库建设的基础,当前在保障科学性和有效性的前提下,要尽可能地将资源库内的资源设计成较小的、便于检索、学习及组课需要的学习单元。资源库中某些课程不恰当地将视频、PPT 等素材进行机械碎片化,资源库中基本资源不能涵盖专业所有知识点和岗位基本技能点,尚未达到资源库建设的前提,即资源布局与运行平台功能"一体化设计"的标准。反映出在规划和设计阶段,未能准确、有效对接用户需求,未采用基于工作过程的课程观和行动导向的教学观,未能瞄准专业改革中的核心问题、难点问题,未根据行业技术发展"自然"增加资源数量等问题。因此,亟须设计能使学生产生切身感的学习内容与学习任务,使学生们能够感觉到学生所具备的基础、拥有的经验、掌握的技巧、当前的价值与未来的成效与所学习的资源库中的内容具有紧密关联性。

**(三)学习情境未能提高学生的自信心**

学习情境可以使学生的自信心有所提高。学习情境由学习内容和学习目标的活动情境组成。学习情境不仅能够有效联系学习任务与学生的原有学习经验,而且能够连接学生已有的经验与知识和技能(钟志贤,2006)。学生的学习注意力容易被真实的、具体的学习情境所激发和维持。自信心要素在 ARCS 动机设计模型中的作用是用来帮助学生体会学习的情境,同时使学生拥有获得学习成就的积极性,让学生充分相信自己具有成功所必需的能力,于是他便能够保持积极的态度,尽力去实现自己的期望。凯勒归纳了包括能力知觉、控制知觉和期望成功三个影响自信心的因素(Keller,1987)。能力知觉是让学生充分了解其拥有成功所必需的能力和发展的潜力,它是自信的基础。控制知觉是让学生相信其可以控制自己的行为结果,它是自信的源泉。期望成功是让学生充分相信其能够成功,于是他便尽力去为实现自己的期望努力奋斗,它是自信的充分表现。因此,为了提高学生的自信心,在创设学习情境时,应从以下几方面考虑:第一,描述清晰和富有鼓励性的学习要求;第二,安排具有适当难度且力所能及的学习任务;第三,能够及时为学习者的学习提供支持服务等。

### (四)缺乏以学生为中心的学习支持

学习支持服务是指远程教育院校及其教师为学生学习所提供的各种设备、资源、信息和人的支持服务的总和,这种支持服务主要用以学生与学生、教师与学生之间的人与人的面授以及通过媒体技术进行双向互通的交流(樊文强,2010)。在远程学习过程中,学习支持服务不仅是以学生为核心顺利完成学习任务的重要保证,而且是降低辍学率的关键要素,它对于提高远程教育教学质量具有极其重要的作用(桑宇霞,2014)。学习支持服务所能达到的功效,就学生本身而言,是它可以指导、帮助和促进其进行自主学习。当前学习支持服务大致分为"导学""督学"和"助学"三个方面,三个方面相辅相成、互为一体,既相互关联,又相对独立。三个方面共同发挥着"以学生为中心"的学习环境和学生个别化自主学习的需要的影响作用。目前,学习支持服务大致有10种方式,包括学习指南、课程推荐、信息提醒、学习进度、常见问题、实时讨论、问题反馈与投诉、一对一辅导、集中答疑视频和线下讨论(陈丽,2004)。"导学"服务的目的是引导学生对学习环境拥有基本的了解并适应,同时指导学生了解课堂学习的内容,并能够积极参与到学习活动中去。导学方面以课程介绍、课程推荐、常见问题为主体,部分提供了学习指南。"督学"服务的目的是对学生在整个学习过程的行为以及对学习计划的完成情况加以跟踪和记录,方便于教学部门或远程教师根据学生的学习进度做出基本判断,随时为学生反馈及时的信息,同时对学习进度迟缓的学生或表现出可能放弃学习的学生进行提醒和回访。部分督学服务所发挥的功能是来源于学习平台,进而提供学习提醒和学习进度的服务。"助学"服务包括面授和网上辅导几种服务形式,其目的是为在远程学习过程中遇到困难的学生,提供一些实质性的解决办法,进而有助于学生在远程学习过程中顺利完成任务,进而达到预期的学习目标。教学交互是学习支持服务的核心要素,为了解决学习过程中遇到的各种困难和学习问题,学生往往通过交互的形式,获得远程学习所需要的各种信息、资源、辅导和帮助,进而帮助自己顺利完成学习任务(舒尔茨,1981)。

### (五)未能使学生获得学习的满足感

满足感是学生心理所感受到的,当自己的学习期望值与学习结果相一致的时候的反映。学习满足感是促使学生继续进行学习的主要动力,它是学生在学习认知过程中体验到的一种心理愉悦,是在学习取得成效时学生个体所获得的幸福和快乐的心理感受和心灵状态(Keller,1996)。因此在学习过程中,要让学生体验到完成学习任务后的成就感。设计学习满足感策略,是使学生的学习动机保持稳定性和持久性的关键环节,是促进学生的外在动机向内在动机转化的有效的核心环节。通常情况下,使学生获得满足感的途径包括内部途径和外部途径两种。内部途径是在学习过程中学生基于自身所获得的知识积累及良好的情绪体验而对学生自己的努力所给予的奖励。内部奖励,是学生自发的满足感,属于内部的奖励,因此具有一定的稳定性和持久性(马晓虹,2001)。外部奖励,是学生感受到自己的努力付出被外在的强化所认可,于是获得学习的满足感。通过外部奖励而获得的学习动机具有短时性及不稳定性。如果学生获得了所预期的奖励,那便是积极的奖励,可以使学生的学习动机维持在一个较高的水平上,否则,外部奖励则会降低学生的学习动机。因此,提出资源库学生学习满足感的策略可以从以下两方面开展:一方面,可以通过师生评价,也可以通过生生互评,给予学生及时的学习反馈;另一方面,提供给学生一个能够充分展示自我的平台,以供其他学生参考和学习。当然,资源库的满足感策略同样适用于对教师的奖励。因此,基于上述内容,编制该部分的访谈问题,试图从学生和教师的视角对资源库学习互动条件的创新性进行研讨和评论。

## 第五节 基于学习动机的资源库优化策略

根据上文对资源库存在的问题的原因分析,资源库的学习环境与学习动机的有机结合可以看成是这样的过程:第一,为了有效激发学生的学习动机,要使学生对一项学习任务或者学习的目的产生兴趣并能够引起学生的注意;第二,要使学生能够感受到他自身与学习任务具有紧密的相关性;第三,为了使学生拥有自信心,要使学生感受到自己所具备的能力完全可以胜任这项学习任务;第四,要让学生充分感受到通过这项学习获得了一定的满足感和成就感。这一过程中,注意力是指能否激发并维持学生在学习过程中学习的注意力;切身性也就是相关性,是指学生能否认识到所要学习的内容可以满足学生的某些需要;自信心是指学生能否相信通过不懈的努力便能够取得既定的成绩;满足感是指学生在学习过程中取得的内在的奖励或外在的奖励。注意力、切身性、自信心和满足感是一个整体,缺少任何一个要素的学习环境都可能会使学生失去对它的学习动机。

为便于提出具体的基于动机的优化策略,以下有必要将上述每一类动机因素进行细化分类,明确资源库学习过程中可能会对学生学习动机产生影响的具体要素。学习动机因素分类见表4-12。

表4-12 学习动机因素分类表

| 类型 | 注意力 | 切身性 | 自信心 | 满足感 |
| --- | --- | --- | --- | --- |
| 子类型 | 感觉到的刺激 | 目标定位 | 学习要求 | 内在强化 |
| | 好奇心的激发 | 激励匹配 | 成功机会 | 外部奖励 |
| | 多样性 | 熟悉程度 | 个人控制 | 公平性 |

为了给教育工作者和研究者提供可供参考的资源库学习环境优化策略框架,以下将以激发和维持学生的学习动机为核心,为资源库的学习支持和学习内容提出激励策略,并同时介绍如何将优化策略运用到具体的教学实践中。

## 一、基于学习动机的学习支持优化策略

第一,为了实现激发学生的注意力、唤起学生的好奇心、维持学生的注意力等目的,基于学习动机的平台界面优化策略大致应包括:设计新颖、生动、有趣、富有美感和吸引力的界面和内容;通过提问、制造矛盾或提出挑战等方式,营造能够满足学生好奇心和认知需求的问题情境;采用多样化的内容呈现、具体类

比、人性化例子或不可预知事件,组织每个学生参与讨论或角色扮演活动等。

第二,为了给学生提供能够激发和维持学习动机的优质高效的导学、督学和助学支持服务,进而体现成功源于个人的努力,学习支持优化策略大致应包括:设置导学服务,例如课程介绍、课程推荐、常见问题等,使学生对学习环境有所适应和了解,引导学生对学习的课程内容有所了解并能够积极主动地参与到学习活动中;为了跟踪记录学生的学习进程和完成学习计划的实际情况,可以进行督学服务,即通过设置学习进度和学习提醒等功能;通过设置问题反馈或投诉、集中答疑、实时讨论、线下讨论或一对一辅导助学服务,帮助学生顺利完成学习任务,达到预定学习目标等。

第三,为了使学生能够对自身付出的努力给予肯定,同时学生的努力也能够得到外部认可的目的,学习支持优化策略还应包括:引导学生在学习过程中更加注重拥有愉悦的学习情绪;根据学生的实际情况制定与既定学习目标一致的合理的评价与评估标准,与此同时,在评价与评估学生完成的学习任务及学习成果时,要采用与之相一致的评价与评估标准;恰当地使用鼓励性的言语以及关心爱护的态度,强化学习过程中学生的行为和努力;或让学生公开展示其学习成果;给予表扬、赞赏以及相应的物质奖励等。

## 二、基于学习动机的学习内容优化策略

在资源库学习环境下,学习内容主要包括提供给学习者学习的课程、素材等一切资源。为使学生感觉到学习内容与学习目标具有紧密的相关性,同时使学生感受到学习的满足感,资源库学习内容优化策略大致应包括:制订符合学生学习风格、学习需求和既往学习经历的适宜的学习目标;提供成功的学习案例、协作型学习案例和积极向上的角色典型,使学生的动机及价值观与教育教学相符合;提供描述清晰且富有鼓励性的学习要求,明确解释成功的要求和评估的标准;提供难度适当且力所能及的学习任务等,进而使得资源库学习内容可以满足学生的学习需要、匹配学生的学习动机、符合学生的学习习惯,达到让学生了解自己、相信自己的教学目的。

根据上述内容,归纳基于学习动机的资源库优化策略,进而回答第四个研

究问题(如何优化资源库)。详细优化策略见表4-13。

表4-13 基于学习动机的资源库优化策略

| 学习环境 | 动机因素 | 优化目的 | 优化策略 |
| --- | --- | --- | --- |
| 学习支持 | 注意力 | 激发学生的注意力 | 设计新颖、生动、有趣、富有美感和吸引力的界面和内容 |
| | | 唤起学生的好奇心 | 通过提问、制造矛盾或提出挑战等方式,营造能够满足学生好奇心和认知需求的问题情境 |
| | | 维持学生的注意力 | 采用多样化的内容呈现、具体类比、人性化例子或不可预知事件,组织每个学生参与讨论或角色扮演活动 |
| 学习支持学习内容 | 相关性 | 满足学生的学习需要 | 制订符合学生个人需求、学习风格和经历的学习目标 |
| | | 匹配学生的学习动机 | 提供个人成功案例、协作型学习、领导责任心和正面角色模型,使教学和学生的动机及价值观相一致 |
| | | 符合学生的学习习惯 | 呈现与学生经验相关联的学习内容和具体实例,同时使用学生能够理解的呈现方式 |
| 学习支持学习内容 | 自信心 | 让学生了解自己 | 提供描述清晰且富有鼓励性的学习要求,明确解释成功的要求和评估的标准 |
| | | 让学生相信自己 | 提供难度适当且力所能及的学习任务 |
| | | | 提供及时有效的导学、督学、促学等学习支持服务,能够体现成功源于个人努力 |
| 学习支持 | 满足感 | 学生对自身努力的肯定 | 引导学生在学习过程中更加注重拥有愉悦的学习情绪;根据学生的实际情况制订与既定学习目标一致的合理的评价与评估标准,与此同时,在评价与评估学生完成的学习任务及学习成果时,要采用与之相一致的评价与评估标准 |
| | | 学生努力得到外部认可 | 运用鼓励的言语和关注的态度强化学生的努力行为;或让学生公开展示其学习成果;给予表扬、赞赏以及相应的物质奖励 |

本节最后,将参考 ARCS 动机设计模型的具体运用(张祖忻,2003),以优化资源库学习内容为例,提供可供教育工作者和研究者参考借鉴的优化资源库学习环境的 10 个步骤。第一步,获取课程基本信息,包括课程描述与基本原理、学习环境与教学系统、授课教师信息等;第二步,获取学习对象基本信息,包括学习起点和能力水平、对学校及所学专业和资源库学习环境的态度、对所要学习课程的态度等;第三步,对学习者进行动机分析,包括动机的类型、动机形成的根本原因、可改变的可能性等;第四步,分析拟优化课程的优点和缺点;第五步,列出优化策略的目标及学习者学习行为的评价标准;第六步,列出学习过程中可能涉及的优化策略;第七步,选择、设计资源库优化策略;第八步,通过设计整合、修改完善等方式,与教学实践相结合;第九步,根据实际情况,对课程进行优化;第十步,根据学习者的反馈信息和满意程度对课程进行评价与修改。综上,资源库优化步骤可分为收集信息(第一步~第二步)、分析需要(第三步~第四步)、制订动机目标(第五步)、设计激发动机的方法(第六步~第八步)、优化与评价(第九步~第十步),具体步骤如图 4-3 所示。

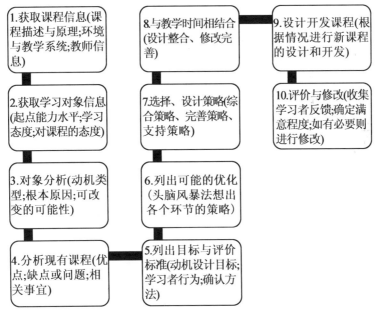

图 4-3 资源库优化步骤

# 第五章　基于准实验的资源库优化研究

前两章已经系统论述了问卷调查和访谈调查的相关发现,明确了影响学生使用资源库学习的影响因素,检验了学习动机的中介效应,确定了学生不能更好地利用资源库是因为其缺乏激发和维持学生的学习动机,进而提出了基于学习动机的资源库优化策略。本章将运用实验的方法研究优化策略的实施效果。实验,即设计一个可以反映研究对象本质特性的情境,使研究对象尽量不受实验变量以外的因素干扰。然后对此情境加以处理,观察研究对象某种特性的变化,进而检验实验处理与研究对象某种特性之间的因果关系的假说。实验思想是近代科学的一大支柱,实验方法与其他方法相比,最具科学方法的特点,即重事实、可重复、可积累、可证伪。因此,实验思想已经渗透到其他许多社会科学研究方法中。这一观点将在本章的内容中得到论述和体现。

## 第一节　实验设计

怎样合理地设计实验是实验研究的关键,而对于不同的问题并没有统一、标准的设计。确定某种因果关系的假说是否成立的典型实验设计的最大特点在于实验控制。实验控制的好坏决定实验质量。实验研究中常见的设计模式包括单组实验设计、等组实验(控制组实验)设计、所罗门四组实验设计、多因素实验设计及多次后测设计等,采取哪一种实验设计模式,则代表了不同的实验控制程度。结合实际,本研究采用单组实验设计的实验设计模式,以下将分别阐述实验目的和实验方案。

## 一、实验目的

本实验的实验目的是将上一章针对问卷调查研究和访谈调查研究(前测)确定的影响资源库学生学习行为的因素——感知的学习环境和学习动机,基于学习动机要素提出的资源库学习环境优化策略运用到资源库的学习支持和学习内容中。经过 2017 年 11 月 20 日到 2018 年 5 月 20 日共计 6 个月时间的实验处理,拟对相同群体样本学生开展资源库优化后学生学习情况的测量(后测),运用量化与质性相结合的研究方法进行实验分析,证明两次调查结果具有显著性,进而得出实验结论,验证资源库优化策略的实施效果。

## 二、实验方案

### (一) 实验对象

研究将选择拥有焊接技术与自动化专业教学资源库学习经历,同时参与过前述问卷调查研究和访谈调查研究(前测)的学生作为实验研究对象。

### (二) 实验方法

根据对实验无关变量的控制程度,可以将实验分为三种类型,包括前实验、准实验和真实验。前实验是完全不去控制除自变量以外的无关变量。与前实验相比,准实验对无关变量的控制程度要高一些。而真实验是要严格控制无关变量的实验。在通常的教育实验中,实验对象都是人,所以要进行完全严格的真实验是非常有难度的,但是如果完全不去控制实验的变量就会导致实验的可信程度降低。因此,为了便于在自然环境中处理实验,本实验研究采取准实验的实验方法。

本研究采用了单组实验设计的模式,单组实验设计是指用同一实验变量 $X$,只对同一个个体(或一组个体)被试 $O$ 施加作用,然后测量被试发生的变化,进而确定实验因素的实施效果。为了研究实验变量的实施效果,通常会采用前测实验与后测实验相比较的方法。操作过程可用如下关系式表示:

$$Y0 \rightarrow X0 \rightarrow Y$$

其中,前测结果为 $Y0$,实验处理为 $X$,被试为 $O$,$X0$ 表示被试接受了处理,后

测结果为 $Y$，则整个实验结果 $C = Y - Y0$。单组设计的特点是简单、易行，但存在实验误差，被试会由于其他因素而导致的效果难以与实验效果加以区分。

### （三）实验控制

为了提高实验研究结论的准确度，需要严格控制实验对象和实验环境。实验研究的最本质特征就是控制，没有控制就没有实验。在该研究中，能够做到严格控制参与实验的样本对象和实验环境，各参建学校共同遵从《高等职业学校焊接技术与自动化专业教学标准》，统一制定人才培养方案，共同执行人才培养质量考核标准。在实验处理前后，各个学校对参与过前测调查研究的实验对象的专业课程学习要求基本保持一致，因此，基本排除了学生因为课业负担而突然产生学习动机这种可能的干扰因素的影响，提高了准实验研究的内在效度。

于是，该研究的具体实验设计描述如下：

第一步，对优化前资源库学生学习情况实施问卷调查及访谈调查（实验前测）。

发现当前学生对资源库学习环境中的学习支持相对不够满意，学生使用资源库的学习动机主要来自于内部动机，学生参与资源库互动行为不足。

第二步，通过数据分析明确影响学生使用资源库学习的因素。

通过对数据进行分析发现，影响学生使用资源库学习的因素包括学生感知的学习环境和学习动机。通过中介效应检验，检测出学习动机在学习环境感知与学习行为之间的中介效应。

第三步，实施资源库的优化策略（实验处理）。

以激发和维持学生的学习动机为核心，将每一类动机因素进行细化分类，明确资源库学习过程中可能会对学生学习动机产生影响的具体要素，为资源库的学习支持和学习内容提出具体的优化策略。

第四步，对优化后资源库的学生学习情况实施调查（实验后测）。

结合焊接技术与自动化专业教学资源库实际，从激发学生学习动机的视角，实施资源库优化策略的相关内容。通过严格控制参与实验的样本对象和实验环境，经过 2017 年 11 月 20 日至 2018 年 5 月 20 日的实验处理期，再次采用包括问卷调查、访谈调查和课堂观察在内的量化与质性相结合的研究方法,对学生使用资源库学习的情况展开研究(后测)。

第五步,对前测和后测调查问卷收集到的数据进行比较,检验是否存在显著性差异,得出实验结论。

该研究将运用配对样本 T 检验及两个独立样本的非参数检验的量化研究方法,同时结合访谈调查和课堂观察等质性研究方法,比较资源库优化前后资源库学生学习情况的差异性,最终验证资源库优化策略的实施效果。

## 第二节 实验处理

实验处理,又叫实验干预或刺激,即为了观察被试的反应而人为地对被试采取的某种行动。实验处理是因果关系中的自变量,实验处理的"水平"就是"处理"所代表的自变量的取值范围。一个实验通常至少需要有两个水平的处理进行比较。前述研究已证明,学习环境不仅仅是物质环境,而且包含着物质环境之外的教学策略、教学模式、学习动机等非物质因素,学习环境是支持学习者进行建构性学习的各种学习资源的组合。并且学习动机是学习环境优化过程中需要考虑的重要因素,一个真正有效的学习环境必须能够激发和维持学生的学习动机。以下将结合焊接技术与自动化专业教学资源库实际,从激发学生学习动机的视角,实施资源库优化策略的相关内容。

### 一、设计激发和维持注意力的平台界面

注意力集中是学习的基础。为了使学生主动参与知识的建构,同时达到既定的学习目标,需要激发和维持学生的注意力。平台是优质资源呈现的支撑环境,是学生直接接触的对象环境。学生是否愿意使用资源库学习,一方面决定于资源内容,另一方面更直接地决定于资源库平台界面的设计。如果平台界面不够友好,学生就无法拥有愉悦的资源库学习体验,学习动机也就难以激发和维持。设计良好的平台界面是激发和维持学生学习动机的首要任务。最佳的网络学习效果产生于学习环境必须与个体的行为特征相匹配(刘儒德,2004)。

因此,焊接技术与自动化专业教学资源库通过搭建个性化的资源检索平台、开发手机 APP 版本以及开发特色的门户网站来激发和维持学生的注意力。

## (一)搭建个性化资源检索平台

为进一步丰富平台的功能,强化资源检索功能,使学生、教师、企业员工、社会学习者能够根据各自的不同需求,在最短的时间内以最便捷的检索方式获取所需要的信息资源,实现个性化检索。焊接技术与自动化专业教学资源库在原有平台建设基础上,充分考虑职业教育的特性及在线学生的学习习惯,强化微知库平台的资源检索功能,建成自主学习平台、课程搭建平台、行业培训平台、社会人员终身教育平台。资源库建立了"教改与教研论坛",可以收集并不断扩充焊接专业领域丰富的专业建设、人才培养模式改革、师资队伍建设、教材建设、课程教学方法改革、实训基地建设等成果以及项目总结、论文、优秀教材等,实现了强化跟踪评价和互动讨论的功能。

## (二)开发手机 APP 版本

为便于学生及社会从业人员的学习,焊接技术与自动化专业教学资源库分别设计了电脑 PC 版和手机 APP 版两个版本。依据焊接技术与自动化专业培养合格专业人才的要求,结合焊接技术与自动化专业教学资源库的建设目标,整合校企资源,构建具备能学、辅教功能的优质教学资源库。以专业教学内容与课程体系改革为系统设计的前提,以碎片化的专业资源建设为基础,以结构化的课程建设为骨架,充分运用多媒体技术展示教学资源,以学习者为中心建设开发数字资源。如图 5-1 至图 5-3 所示。

建成后的检索平台,实现了四大功能:第一,在校学生的学习平台。学生通过资源库进行时时学习,处处可学,把传统教室教学拓展为课前、课中和课后,扩大了学习的时间与空间。第二,教师教学科研的研究平台。利用资源库的海量教学资源,可以为教师教学、科研提供有利的帮助。第三,企业员工的培训平台。企业员工可以根据自身情况自主选择学习内容,可以量身定做适合自己的培训内容与资源。第四,社会人员终生教育平台。社会人员可以随时进入资源库,自主选择学习内容,实现终生学习的目标。

图 5-1 焊接资源库个性化检索平台

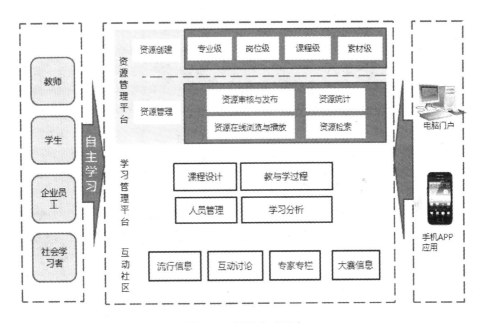

图 5-2 资源集成平台

图 5-3　PC 端资源库界面

### (三) 开发特色门户网站

焊接技术与自动化专业教学资源库项目组按照"国家急需、全国一流、面向专业"的总体要求,开发建设焊接技术与自动化专业教学资源库网站,搭建"开放、共享"的专业教学环境,集成组织架构、管理平台、特色内容、管理与维护、相关新闻等内容,实现资源库管理的便捷性,促进资源库资源数量快速增长,不断丰富课程类型,不断完善资源库平台功能,不断满足全国技术与自动化专业学生、教师、企业员工和社会学习者的学习需求。在全国范围内,带动焊接技术与自动化专业及相关专业群建设、课程建设及师资队伍建设,打造国内一流的教学资源平台,并将资源建设与应用延伸到国际,为服务"中国制造 2025"国家战略和"一带一路"倡议等提供支撑。为方便不同配置的终端访问,焊接技术与自动化专业教学资源库网站使用了 html 和 html5 两种语言。另外,为服务"一带一路"沿线国家,满足资源库国际化的应用需求,焊接技术与自动化专业教学资源库在中文网页的基础上又设置了英文、俄文网页。如图 5-4 和图 5-5 所示。资源库网站集成了各种内容,既凸显及时性与准确性,又便于管理与使用。

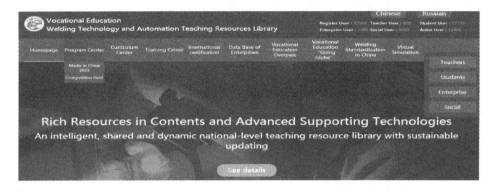

图 5-4 焊接资源库英文网页

图 5-5 焊接资源库俄文网页

## 二、建设与学习目标相关联的资源

根据期望与价值理论,学生的学习目标与学习内容的相关联程度决定了他们对学习内容的学习深度。可以说,学生的学习动机变化过程与对学习内容的认知过程相互影响,学习动机在影响学生认知的过程中同时被认知过程所影响。每一次认知过程的提升都能够增加学生的学习动机,同时学习动机的增强反之又能够激励认知过程的每一步提升,这就形成了两个良性循环过程(钟志贤,2006)。鉴于此,焊接技术与自动化专业教学资源库通过丰富资源建设种类、课程内容融入国际和国家专业标准以及打造全息化的教学应用场景来建设与学习目标相关联的学习内容。

### (一)丰富资源建设种类

为充分发挥"能学、辅教""导学助训"的功能,为全国相同或相近专业的教学改革与实施、共享资源及资源库运行机制提供范例,满足学生、教师、企业员工、社会学习者四大用户自主学习的需要,焊接技术与自动化专业教学资源库根据人才培养要求,整合校企资源,构建具备能学、辅教功能的优质教学资源库。

当前,网络资源大致可以分为两大类:第一类是结构化资源,这类资源与某个学科专业或课程紧密相关,大多经过专业教师的结构化整理,注重整体性和系统性,旨在帮助学生按照某种学科和专业结构建立相对完整的知识体系(王竹立,2016)。第二类是非结构化资源,这类资源大多散布在互联网的各个角落,结构松散、相对独立,具有一定的通用性,大多可以从原有的专业知识体系中提取出来,被其他专业所借用。结构化资源的作用旨在帮助学生完善学科知识体系。非结构化资源的作用主要是满足学生个人的兴趣爱好或帮助其解决某个具体问题,完善与重构自身的知识结构。"对于不同的教育层次,处理代表逻辑性和系统性的基础知识与反应复杂性和相对性的探索性新知识的关系理应不同""专业课更多强调研究性和探索性"(张红霞,2002)。因此,在结构化资源数量达标的基础上,焊接技术与自动化专业教学资源库又增加了非结构化素材资源的数量,在原有 1 226 条非结构化资源的基础上,新增了图片、文档、音频、视频、动画、虚拟仿真、企业生产案例等各类型素材,使全部非结构化素材资源数量达到 8 611 条。同时,搭建涵盖国际焊接技师、职业素养、无损检测人员等级培训等在内的层次清晰的各类型培训资源包,培训资源数量达到 800 条。

### (二)课程内容融入国际和国家专业标准

为了实现系统化的设计,焊接技术与自动化专业教学资源库以焊接技术应用企业的人才需求为出发点,在课程内容中融入国际和国家的焊接标准,通过对典型工作任务的分析,重新序化、分解出颗粒化的教学资源,为学生提供以岗位能力模块和网络课程为主要抓手的知识结构。如图 5-6 所示。其中,作为学生自学的重要辅助材料,电子课件通过配合教材详细讲述每节课程的重点知识、难点知识、技能点,帮助学生实现快速学习;工程录像在集合了具体的焊接方法、知识要点、操作演练、实践环境的同时,注重专业技能的操作,特别是实践环节中的关键节点,工程录像因来源于工程实践,所以比其他资源更具有先天性的优势,通过详细地演示达到了引导和带动学生实践学习的目的;岗位能力模块为学习者提供了依据岗位能力模块实施的实践操作技能的教学动画片、实训教材等素材资源。学生可以通过明确的知识点观看焊接设备的使用、操作和维护相关资源。学习者通过对相应知识点的学习,奠定了解决实际工程问题的基础,实现了"疑难问题带来,解决方案带走"的资源库设计目的。

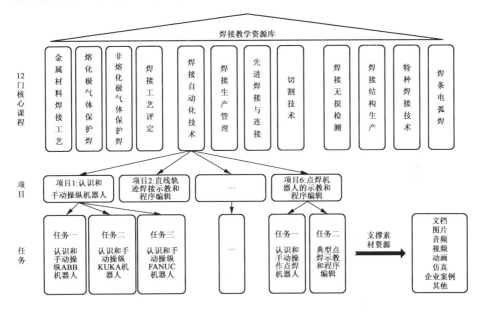

图 5-6 焊接技术与自动化专业教学资源库的资源结构

#### (三)打造全息化的教学应用场景

全息化,是指在大数据、云计算、物联网、移动互联等技术环境下,综合运用文本、图形、图像、音频、视频、动画等多种类型资源,为目前 1:50 的超载职教课堂设计教与学场景,将一个个教学载体打造成为可感知学生行为的"学习触电"。为了提升课堂学习的效果及教学管理的精度,在学生能够感知教学信息,对学习产生稳定的心理趋向之后,就要设法让学生信服学习环境中所提供的任务情境和相关材料与他自身的生活及未来的密切关系,进而学生可以根据自己的学习兴趣以及已有知识的掌握程度开展自主学习。焊接技术与自动化专业教学资源库通过建立课堂教学、课本学习、课余学习、实训教学四大场景,打造了全息化的教学应用场景,实现了学生的自主学习;构建了"未来课堂"试点设计(场地布置、教学设计),开发了基于云技术、数字化、多终端、社区化的教学空间,实施了"个性化、颗粒化、探究式"的教学,满足学生同时在线学习与互动交流,还提供了课堂签到、笔记记录、互动问答、随堂测验和课堂评价等学生管理方面的应用。同时通过与资源库联动,实现了对学生学习行为的追踪,方便教师即时掌握学生的学习进程、学习效果和学习反馈。如图5-7和图5-8所示。

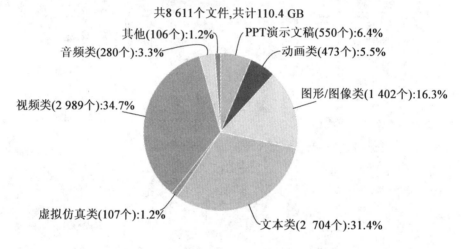

图5-7 资源总数及各类型资源占比

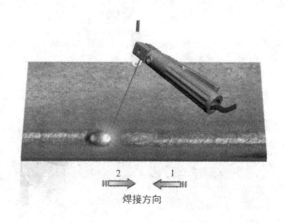

图5-8 技能培训的动画资源

以资源库中"焊接自动化技术及应用"课程为例,在传统课堂上,考勤管理效率较低,老师当场点名会耽误正常上课的时间,同时迟到、早退和代签的情况也难以规避。利用资源库平台,老师在上课前便可以生成考勤签到二维码,在课前或课中可以随时发布二维码,学生通过扫描二维码完成课程签到,考勤结果就会自动生成并推送给老师,老师便可即时掌握学生的考勤情况,不仅节约了上课的时间,而且提升了考勤管理的效率。在课堂教学进行时,老师还可以将测试题即时推送给学生,学生通过 APP 终端在线完成老师推送的测试题,老师可以通过测试结果实时了解学生对课程所涉及的知识点的掌握情况,方便于进一步挖掘学生的学习管理与学习情况分析。同时,为了提升课堂学习的效果与教学管理的精度,老师还可以将任何一个教学载体设计成为可感知学生行为的具体学习内容,即根据专业课程内容构造全息化的教学应用场景,于是学生便可以根据个人的学习兴趣及已有知识的掌握情况开展自主学习。全息化的教学应用场景还可以为教材配置相应的音视频、动漫、虚拟化资源等动态资源,将学生在传统学习中看到的抽象的理论图文,转变为形象的动态的网络学习资源,弥补纸质教材图文资源呈现方式的不足。这样不仅能够提高学生的学习兴趣,还能够有效提升学生使用资源库的学习行为。如图 5-9 和图 5-10 所示。

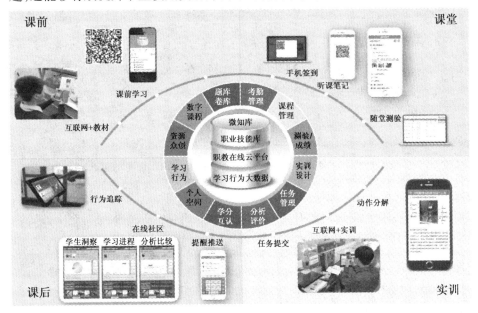

图 5-9 "互联网+"资源库的教学应用

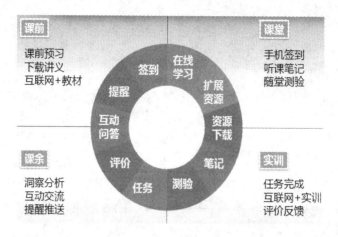

图5-10 学生使用资源库的学习全过程

## 三、构建提高学生自信心的学习情境

### (一)设置启发式的故事情境

为了吸引学生的注意力、满足学生的好奇心,通过采用设置问题或呈现学生感兴趣的事件和故事等形式展现资源库学习内容。对数据进行深度挖掘,开发易用、有效的教学功能,增加资源的实用性、启发性和引导性,可以防止产生"为用而用""为数据而数据"的肤浅、狭隘的行为,避免增加学生的学习负担、削弱学生的学习动机。

焊接技术与自动化专业教学资源库在完成资源库基本建设任务的基础上,又完成了培训资源的建设,包括职教立交桥资源、焊接故事园、企业学习资源、仿真工厂、虚拟实训等。其中,"焊接故事园"通过搜集国内外焊接领域各类技术发明者、创造者、有突出贡献者、高技能人才楷模的创新业绩与成长故事,以及焊接领域历史上的重大发明、重大工程、重大事件等,使学生深刻地认识与了解焊接技术与自动化专业的发展与历史,进而了解专业、热爱专业。通过专业文化,对焊接技术与自动化专业学生进行潜移默化的职业道德教育与熏陶,弘扬工匠精神。使学生明确"工匠精神"对自己今后职业生涯的深远影响和重要意义,进而明确职业态度,树立职业标准,促进未来事业向更好的方向发展。同时,作为特色资源的"大国工匠进校园"活动在资源库建设的全过程中渗透着工匠精神与职业道德。焊接技术与自动化专业教学资源库通过以多种媒体形式呈现学习内容，设置启发式的故事情境，增加了学生的学习体验，提升了学生的自信心，激发和维持了学生的学习动机。"职教立交桥"栏目，主要组成内容为职业教育各学习层次的课程标准、教学共享课程、衔接课程标准和专业对口单招考试等。该栏目有利于制造类产业的技术进步及转型升级，有利于衔接与贯通焊接技术与自动化专业的中高职、本科，有利于各个层次人才的成长和终身学习。通过构建以学习为中心的个性化的自主学习环境，充分实现了专业教学资源的智能和即时推送，实现了中高职院校与合作企业之间生产实践资源的共享，实现了中高职、本科院校学习者在中高职之间的资源共享与互认互通。"虚拟实训与仿真工厂"栏目，通过综合运用现代信息技术，例如通过3D打印技术建模，构造出虚拟设备和虚拟场景，之后通过软件实现"虚拟实训"。通过反复呈现以及整体放大的图片，"虚拟实训"可以显示出在实际操作中某些看不清楚的部位。为了使学生更好地掌握实践操作技能，提高动手能力，学生通过"虚拟实训"不仅可以进行发现式教学、互动式教学、情境式教学或协同工作式教学，还可以实现随机化、智能化、重复性地进行训练，另外，"虚拟实训"还可以大幅度节省实训经费，达到专业教师双师素质的要求以及现代信息技术应用能力的要求。如图5-11和图5-12所示。

图 5 - 11　焊接故事园

图 5-12 大国工匠进校园

**(二)提供交互式的学习支持服务**

信息时代基本的认知方式正在从个体认知转变为分布式认知。分布式认知是信息时代人类适应复杂性的基本思维方式,它认为认知现象不仅包括个体头脑中所产生的认知活动,而且包括人与人之间、人与技术之间发生的交互活动(余胜泉,2011)。交互式教学又是资源库学习支持服务的重要因素。焊接技术与自动化专业教学资源库通过设置知识地图,为学生提供"导学"服务,通过学习指南帮助学生适应在线学习,合理规划学习进程,提供合理的学习方法和学习策略。在网络学习过程中,除了为学习者提供以论坛为主体的线上讨论服务,焊接技术与自动化专业教学资源库还为学习者提供了QQ群、微信群等在线"助学"服务,学习者之间可以就某个主题分享各自的学习感受,可以就所学内容进行在线交流和讨论,同时,学习者本身也可以提出讨论的主题。在与其他学习者深入研讨的过程中,学生的学习效率与学习积极性和主动性自然会得以提升。同时,通过资源库平台教师向学生推送课程开课的信息以及知识测验的相关通知,学生在终端便可以随时随地接收到信息提醒,以便于根据学生需求提前做好课程安排,资源库实现了基础的"督学"功能。焊接技术与自动化专业教学资源库借助互联网、大数据、云计算等高新技术,探索符合职业教育特点的教育教学模式,有效地实现了实时交互答疑及评价,增加了服务模式的丰富性和适切性,增加了学生管理的激发性和导向性,提升了学生的学习满足感,降低了学生的学习厌倦感,提升了学生的学习效率和效果。如图 5-13 至图 5-15 所示。

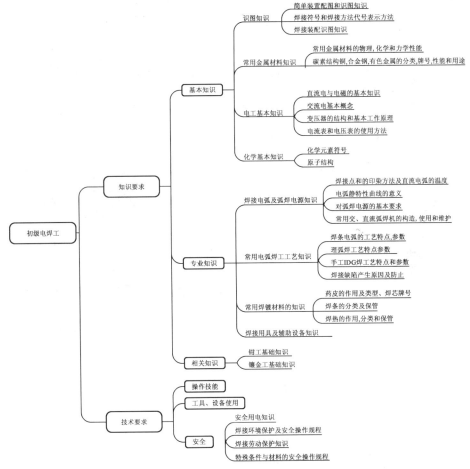

图 5-13 焊接技术与自动化专业教学资源库知识地图

图 5-14 焊接技术与自动化专业教学资源库互动论坛

图 5-15 焊接技术与自动化专业教学资源库 QQ 群和微信公众号

## 四、完善满足学生成就期望的激励机制

### (一) 完善效果测试及沟通反馈功能

为满足学生的成就期望,焊接技术与自动化专业教学资源库完善了效果测试及沟通反馈功能,即按照焊接职业资格考试的相关要求,在培训任务完成之

前,需要对学生进行在线理论测试,同时开展虚拟实操评估,继而有重点地巩固和加强学生尚存在的薄弱知识点。同时,为帮助学生完成单元测试,可以以学习单元为单位开发配套测试习题。针对知识点进行在线测试练习,不仅可以针对错题重新做题,回看知识点,还可以针对每门课程进行无纸化考试。这种智能化、实践化、随机化、虚拟化的重复测试能够在帮助学生巩固知识的同时提升职业操作技能。另外,在焊接技术与自动化专业教学资源库资源中心,还为学生提供学习与焊接工作岗位相关的音频、视频和动画等素材资源,进而为拓展学习提供了宝贵的机会。

**(二)提供交流论坛随时了解培训反馈**

焊接技术与自动化专业教学资源库为焊接生产企业员工提供交流论坛,以供随时了解培训反馈。企业也可以鼓励一线技术员工提供工作实例,同时提出技术需求、技术革新、人才需求等相关信息,这样不仅可以发挥企业参与资源库建设的积极性,而且可以促进资源库的资源内容持续充实与更新,形成良性循环、互相促进的企业员工培训的良好格局。

**(三)利用远程互助教学系统搭建"实训未来课堂"**

在电弧焊的学习过程中,焊接温度场分布以及电弧行为,始终成为焊接理论学习方面的难点。焊接技术与自动化专业教学资源库采用高质量摄影设备以及热成像设备,采集并制作了可以充分讲解清楚的焊接温度场分布、焊接熔滴过渡和焊接电弧的相应教学资源,使原来看不见或看不清,只能通过理论分析和图片讲解的知识点,通过教学录像形象地展示出来,破解了原来的教学难点。通过现代技术手段与结合焊接数值模拟理论的完美结合,解决了一般 VR 模拟训练器"过于游戏化"的问题。使用新开发的 VR 教学模拟设备,进行焊接技能初级训练,不仅能够快速地指导学生掌握正确的操作姿势,破解初学者的心理障碍,还能很方便地进行"X 光分析"和"温度场"分析,使学习者迅速理解焊接质量与操作技能之间的关系。学生在可以看到真实电弧的情境下,再通过"微弧"焊接模拟器加以练习,进一步贴近实际,迅速达到展开焊接真实训练的状态,使焊接技能初级训练模式得以创新。项目组利用远程互助教学系统,搭设资源库"实训未来课堂",进行焊接实训的远程技术支持,通过预约及实时线上答疑,迅速为缺乏相应实训条件的课堂提供教学知识,解决了目前资源库实训教学只能单向演示教学的问题,为资源库线上线下教学应用提供了新的方法和手段。

### (四)推进学分互认基本制度建设

学习评价对于学习具有导向、激发和诊断的作用,合理的学习评价方式对学生的学习动机具有激发作用。资源库的发展,为作为评价学生学习质和量的综合教学管理制度——学分制,带来了新的契机,在学历教育与在线学习之间架起沟通的桥梁,为人才的衔接和流动提供了难得的机会,为教育体制的创新带来了机遇。焊接技术与自动化专业教学资源库项目组在主建学校之间初步试行学分互认机制。对学生已拥有的职业资格证书、技能等级证书以及非学历教育(培训)经历证明等按照一定比例折合成学分,列入其个人积分账户,并准许其免修相应课程。学生也可以根据专业人才培养方案中的课程和自身的学习计划,选修资源库中不同学校的同类课程,实行课程证书制度。学生可以利用资源库学习并通过考试的课程,向学校申请免修该课程,进而可以根据个人兴趣、利用节省出来的时间选修其他专业课程进行学习。

### (五)对接国际标准化认证规程

焊接技术与自动化专业教学资源库开发了职业资格培训包、国际焊接技师培训包等标准化认证课程用于企业员工年度继续教育。为参与培训的企业员工提供课程结业证书,以此作为企业第三方的考核结果。使用国际技师培训包学习并获得培训证书的学生,经实体渠道报考国际焊接技师(IWS),学习成绩可由指定培训中心认定。学生按照国际认证规程,由指定培训中心继续培训后,可免除基础课程内容学习,直接参加主课程学习,考取 IWS 所需费用仅为普通学员的一半,当其获得国际焊接技师资格证书后,可在美国、英国等 37 个国家焊接工程体系内获得就业机会。如图 5-16 所示。

第五章 基于准实验的资源库优化研究

图 5-16 焊接技术与自动化专业教学资源库国际认证模块

综上，从激发学生学习动机的视角，实施资源库优化策略，对焊接技术与自动化专业教学资源库实施实验处理，实验处理前后资源库学习环境对照情况见表 5-1。

表 5-1 实验处理前后资源库学习环境对照表

| 资源库学习环境 | 实验处理前资源库学习环境 | 实验处理后资源库学习环境 |
| --- | --- | --- |
| 平台资源检索 | 原有微知库平台资源检索功能 | 根据不同学习者的需求进行设计，建成了自主学习平台、课程搭建平台、行业培训平台、社会人员终身教育平台 |
| 版本 | 资源库电脑 PC 版 | 为便于学生及社会从业人员的学习，设计资源库手机 APP 版，实现了电脑 PC 版和手机 APP 版两个版本并存 |
| 门户网站 | 微知库统一门户网站，中文网页 | 开发特色门户网站，实现了中文、英文、俄文网页并存，为服务"中国制造 2025"国家战略和"一带一路"倡议等提供支撑 |

续表 5-1

| 资源库学习环境 | 实验处理前 资源库学习环境 | 实验处理后 资源库学习环境 |
| --- | --- | --- |
| 学习内容 | 满足项目建设基本要求的学习内容 | 新增了图片、文档、音频、视频、动画、虚拟仿真、企业生产案例等各类型素材,以及各类型培训资源包 |
| 课程内容 | 满足项目建设基本要求的课程内容 | 课程内容融入了国际和国家专业标准,重新序化、分解出颗粒化的教学资源 |
| 教学应用场景 | "图书馆"式传统自学+教辅应用场景 | 建立课堂教学、课本学习、课余学习、实训教学等四大场景,打造全息化教学应用场景,实现了学生的自主学习 |
| 教学方式 | 以教师为中心的传统式教学方式 | 构建"未来课堂"试点设计,实施"个性化、颗粒化、探究式"的教学。实现了对学生学习行为的追踪,方便教师即时掌握学生的学习进程、学习效果和学习反馈 |
| 培训资源 | 满足项目建设基本要求的培训资源 | 设置职教立交桥资源、焊接故事园、企业学习资源、仿真工厂、虚拟实训等具有启发式故事情境的栏目 |
| 学习支持服务 | 未实现学习交互功能 | 设置知识地图,为学生提供"导学"服务;提供了QQ群、微信群等在线"助学"服务;学生可随时随地接到信息提醒,以便做好课程安排,资源库实现了基础的"督学"功能 |
| 学习效果测试功能 | 常规在线学习测试 | 针对知识点进行在线测试练习,不仅可以针对错题重新做题,可以回看知识点,还可以针对每门课程进行无纸化考试,帮助学生巩固知识的同时又提升了职业操作技能 |
| 学习效果反馈功能 | 未具备学习效果反馈功能 | 开设交流论坛,随时了解培训反馈 |
| 实训教学 | "过于游戏化"的虚拟仿真教学 | 利用远程互助教学系统,搭设资源库"实训未来课堂",进行焊接实训的远程技术支持,通过预约及实时线上答疑,迅速为缺乏相应实训条件的课堂提供教学知识。使用AR和VR训练模拟器实现初级技能培训,借助真实设备实训迅速提高技能水平 |

续表 5-1

| 资源库<br>学习环境 | 实验处理前<br>资源库学习环境 | 实验处理后<br>资源库学习环境 |
|---|---|---|
| 学习成果<br>认定 | 未具备学习成果<br>认定功能 | 建立学分互认基本制度，在主建学校之间初步试行学分互认机制 |
| 国际标准化<br>认证课程 | 培训课程未对接国际标准化认证规程 | 开发职业资格培训包、国际焊接技师培训包等标准化认证课程用于企业员工年度继续教育 |

# 第三节　实验处理结果检验

通过对焊接技术与自动化专业教学资源库实施实验处理，本节将运用量化研究与质性研究相结合的方式对实验处理效果进行分析，比较资源库优化前后学生学习情况，验证资源库优化策略实施的效果，包括采用网络问卷调查方式开展问卷调查研究，通过电话和网络通信设备对相关学生进行访谈调查研究，通过深入课堂与学生共同上专业课进行课堂观察，通过对焊接技术与自动化专业教学资源库建设院校网站进行调查研究等。

后测问卷调查研究，除学校 3 外，其他 7 所学校均参与过前测调查研究活动，这 7 所学校分别是：学校 1、学校 2、学校 4、学校 5、学校 6、学校 7、学校 8。经各学校责任教师精心组织，问卷调查工作再一次顺利开展。经统计，后测问卷调查学生样本总量 458 人。经过空问卷、答案唯一问卷等问卷的清理工作，共收集到有效问卷 299 份，样本有效率为 65.3%。后测访谈调查研究的研究对象与前测调查研究完全相同，即具有焊接技术与自动化专业教学资源库学习经历的 22 名学生和焊接技术与自动化专业的 13 名专业教师。接下来将对实验处理结果进行详细分析和阐释。

## 一、资源库优化前后学生学习情况存在显著差异

利用后测问卷调查的数据，首先，运用均值、标准差等对学习环境感知、学习动机和学习行为量表进行描述性统计分析；其次，运用配对样本 T 检验及两

个独立样本的非参数检验(Mann – Whitney U)的方法,比较资源库优化前后资源库学生学习的情况。

**(一)资源库优化后样本特征描述性分析**

以下将分别运用均值、标准差对学习环境感知、学习动机和学习行为量表进行描述性统计分析。

1.学习环境感知量表的描述性分析

通过对学习环境感知量表进行描述性分析,结果见表5-2,资源库学习环境中感知的学习支持和感知的学习内容的均值4.390和4.614均高于6级计分的中值强度(3),说明就总体而言,学生对感知到的资源库学习环境仍表现满意。就各维度所呈现出的描述统计分析结果看,相比较于学生对学习内容的满意程度,当前学生对资源库感知的学习支持相对不够满意。

表5-2 资源库优化后学习环境量表的描述性分析

| | $N$ | 均值 | 标准差 | 题目 | 均值 | 标准差 |
|---|---|---|---|---|---|---|
| 感知的学习支持 | 299 | 4.390 | 0.880 | 各种素材资源方便下载,能让我随时随地地进行学习 | 4.510 | 1.121 |
| | | | | 即时的评价与反馈可以让我及时调整自己的学习状态 | 4.320 | 1.136 |
| | | | | 老师能够随时在线指导学习,提高了我的学习积极性 | 4.340 | 1.151 |
| | | | | 有很多机会与老师在线交流互动 | 4.360 | 1.197 |
| 感知的学习内容 | 299 | 4.614 | 0.901 | 资源库的评价方式,更有助于检测学习效果 | 4.760 | 1.176 |
| | | | | 学习内容的难度安排难易适中 | 4.520 | 1.129 |
| | | | | 学习活动的设计紧扣学习内容 | 4.560 | 1.186 |
| | | | | 资源库中包含的内容能够满足学习需要 | 4.870 | 1.074 |

2.学习动机量表的描述性分析

通过对学习动机量表进行描述性分析,结果见表5-3,学习动机各维度中内部动机和外部动机的均值4.867和4.565均高于6级计分的中值强度(3),

说明就总体而言,学生的资源库学习动机仍处于中值强度以上。就各维度所呈现出的描述统计分析结果看,学生使用资源库的学习动机仍主要来自于内部动机,学生们希望通过使用资源库提高自身的专业技术和能力。

表5-3 资源库优化后学习动机量表的描述性分析

| | N | 均值 | 标准差 | 题目 | 均值 | 标准差 |
|---|---|---|---|---|---|---|
| 内部动机 | 299 | 4.867 | 0.907 | 我希望利用资源库提高自己的专业技能 | 5.010 | 1.133 |
| | | | | 通过资源库学会一种新技能时我会感到很兴奋 | 4.670 | 1.134 |
| | | | | 资源库能够满足我的自主学习需要<br>我乐意学习资源库提供的各种资源 | 4.920 | 1.301 |
| 外部动机 | 299 | 4.565 | 0.938 | 我想利用所学知识去参加技能大赛,为学校争光 | 4.420 | 1.127 |
| | | | | 因使用资源库学习而得到老师表扬时我会感到很满足 | 4.710 | 1.312 |
| | | | | 资源库中紧贴学习主题的内容利于我完成老师布置的任务 | 4.720 | 1.307 |
| | | | | 我试图通过资源库来提高专业学习成绩 | 4.410 | 1.127 |

3.学习行为量表的描述性分析

通过对学习行为量表进行描述性分析,结果见表5-4,学习行为三个维度中资源访问(4.398)、活动参与(3.770)和任务完成(4.373)的均值高于6级计分的中值强度(3),说明就总体而言,学生的资源库学习行为处于中值强度以上。就各维度所呈现出的描述统计分析结果看,相比于资源访问和任务完成,学生参与资源库在线活动的行为相对不足。

表 5-4　资源库优化后学习行为量表的描述性分析

| | N | 均值 | 标准差 | 题目 | 均值 | 标准差 |
|---|---|---|---|---|---|---|
| 资源访问 | 299 | 4.398 | 0.907 | 下课后我会及时使用资源库进行复习 | 4.230 | 1.301 |
| | | | | 上课时我会根据老师讲解,检索资源库中相关内容 | 4.430 | 1.212 |
| | | | | 遇到不懂的问题,我会及时通过资源库寻找答案 | 4.320 | 1.233 |
| 活动参与 | 299 | 3.770 | 1.130 | 课前我会在库中浏览老师即将讲解的知识 | 4.670 | 1.202 |
| | | | | 课后我会经常登录资源库学习专业知识 | 4.340 | 1.239 |
| | | | | 在资源库中遇到有用的信息时,我会转发给同学 | 3.980 | 1.389 |
| | | | | 在使用过程中遇到疑问时,我会首先在资源库论坛中提问 | 3.900 | 1.401 |
| 任务完成 | 299 | 4.373 | 1.113 | 我经常使用资源库的论坛发帖 | 3.430 | 1.423 |
| | | | | 我经常使用资源库在线完成作业 | 4.180 | 1.387 |
| | | | | 我经常使用资源库完成老师布置的随堂测试 | 4.510 | 1.288 |
| | | | | 我会先参考学习目标再学习课程内容 | 4.430 | 1.221 |

通过总结后测样本描述性统计分析结果发现:第一,学生对资源库学习环境中的学习支持仍然不够满意;第二,学生使用资源库的学习动机仍然主要来自于内部动机;第三,学生参与资源库的互动行为依然不足。

(二)资源库优化前后资源库学生学习情况的差异性比较研究

为比较资源库优化前后资源库学生学习情况的差异性,验证资源库优化策略的实施效果,以下将分别采用配对样本 T 检验及两个独立样本的非参数检验(Mann-Whitney U)的量化研究方法进行统计分析。

1. 资源库学生学习情况的配对样本 T 检验

在数据分析中,数据成对出现,是两个样本的一种特殊状态,此时,拟运用配对样本 T 检验的方法来检验两个配对样本总体的均值是否存在显著差异,零假设是指两个配对样本数据的均值不存在显著差异。根据被访者个人背景信息中预留的姓名和邮箱地址,经数据整理发现,前后测两样本中共有59名学生样本信息实现一一配对。于是,将通过两配对样本T检验,判断资源库优化前后学生的学习行为、学习动机以及资源库学习环境是否具有显著差异。

通过配对样本统计分析(表5-5),可以看出配对样本各维度前测调查数据的平均值和标准差,以及后测调查数据平均值和标准差。其中,配对样本的后测调查数据平均值均大于前测调查数据平均值,表明资源库优化后,学生对资源库学习环境的感知、学习动机及学习行为相对有所提高。

表5-5 资源库学生学习情况的配对样本统计

| 变量 | 维度 | 均值(标准差) | | 前后测均值差 |
|---|---|---|---|---|
| | | 前测 | 后测 | |
| 学习环境 | 感知的学习支持 | 4.227 (0.870) | 4.391 (0.880) | 0.164 |
| | 感知的学习内容 | 4.321 (0.904) | 4.615 (0.901) | 0.294 |
| 学习动机 | 内部动机 | 4.271 (0.918) | 4.868 (0.907) | 0.597 |
| | 外部动机 | 4.181 (0.940) | 4.566 (0.938) | 0.385 |
| 学习行为 | 资源访问 | 4.051 (0.968) | 4.399 (0.907) | 0.348 |
| | 活动参与 | 3.421 (1.135) | 3.771 (1.130) | 0.350 |
| | 任务完成 | 4.031 (1.024) | 4.374 (1.113) | 0.343 |

对前后测学习行为的配对样本T检验的相关性进行检测,见表5-6,其中,配对变量之间的相关性显著性$P$大于0.05,表示相关性不显著;配对变量之间的相关性显著性$P$小于0.05,表示相关性显著。通过对前后测感知的学习环境、学习动机和学习行为相关系数的统计发现,配对样本之间存在显著的相关

性,显著性均为 0.000(小于 0.05),适于进一步进行配对样本 T 检验。

表 5-6 资源库学生学习情况的配对样本相关性

| 变量 | 维度 | 前后测相关性 | 显著性 |
| --- | --- | --- | --- |
| 学习环境 | 感知的学习支持 | 0.770 | 0.000 |
| | 感知的学习内容 | 0.612 | 0.000 |
| 学习动机 | 内部动机 | 0.730 | 0.000 |
| | 外部动机 | 0.507 | 0.000 |
| 学习行为 | 资源访问 | 0.865 | 0.000 |
| | 活动参与 | 0.620 | 0.000 |
| | 任务完成 | 0.676 | 0.000 |

进一步分析检验统计量 $t$ 值,当配对样本的双侧检验 $t$ 值的相伴概率 $p<0.05$,拒绝 T 检验零假设,则说明资源库优化前后学生的环境感知、学习动机及学习行为等方面存在显著性差异。从配对样本检验表 5-7 中可以得出,学生感知到的资源库学习环境、学习动机以及学习行为各个维度的显著性(双尾)小于 0.05,说明通过对资源库进行优化,上述各项均有显著改善。

表 5-7 资源库学生学习情况的配对样本检验

| 变量 | 维度 | 前后测均值差 | $t$ | 自由度 | 显著性(双尾) |
| --- | --- | --- | --- | --- | --- |
| 学习环境 | 感知的学习支持 | -0.164 | -0.081 | 58 | 0.000 |
| | 感知的学习内容 | -0.294 | -1.377 | 58 | 0.000 |
| 学习动机 | 内部动机 | -0.597 | -1.232 | 58 | 0.000 |
| | 外部动机 | -0.385 | -0.090 | 58 | 0.000 |
| 学习行为 | 资源访问 | -0.348 | -0.023 | 58 | 0.000 |
| | 活动参与 | -0.350 | -0.054 | 58 | 0.000 |
| | 任务完成 | -0.343 | -1.012 | 58 | 0.000 |

**2. 资源库学生学习情况的非参数检验**

非参数检验方法,是指在总体分布形式未知的情况下,通过样本来检验总体分布的假设。非参数检验方法应用范围很广,是统计方法中的重要组成部分,相对于上述的配对样本 T 检验的参数检验方法,非参数检验所需要的假定前提比较少,不依赖总体的分布类型,即总体数据不符合正态分布或分布情况未知时,就可以用来检验数据是否来自同一个总体。

在本研究中,前后问卷调查选择的抽样方法不同,前测问卷调查采用概率抽样中的整群抽样,在选定 8 所获批立项建设的学校后,对焊接专业学生进行整体调查,问卷形式为纸质问卷,调查方式由责任教师统一安排时间开展问卷调查;后测问卷调查时,由于个别学校的教学日程安排,一些学生进入顶岗实习阶段,为尽可能确保后测样本与前测样本一致,选择网络调查问卷形式,又因为网络调查问卷链接地址直接呈现于焊接技术与自动化专业教学资源库网页,无法排除其他学习者填写问卷,因此后测调查研究的抽样方法除整群抽样外,还包含随机抽样。因此,在两个样本总体分布未知的情况下,为比较资源库优化前后学生学习的情况,为检验两个独立样本之间是否具有相同的分布,选择使用两个独立样本的非参数检验的方法。

两个独立样本的非参数检验是用于检验从不同总体中抽取的两个独立样本之间是否存在显著性差异,零假设是两个独立样本来自的总体分布并无显著性差异。两个独立样本的 k-s 检验的基本思想与单样本 k-s 检验大致相同,主要差别在于两独立样本检验是以变量值的秩作为分析对象,而非变量本身。分析步骤为:第一,混合两组样本同时按升序排序;第二,分别计算两组样本秩的累计频数和累计频率;第三,计算两组累计频率的差值,得到秩的差值序列以及 $D$ 统计量,计算得到概率 $P$ 值。如果 $P$ 小于显著性水平,便拒绝零假设,认为两个总体样本的分布有显著性差异,反之则两总体分布无显著性差异。本研究使用两个独立样本的 Mann-Whitney U 检验,该检验是最常用的检验类型,主要是检验两个样本总体上的位置是否相等,等同于对两组样本进行的 Wilcoxon 等级和 Kruskal-Wallis 检验。Mann-Whitney U 检验对于来自两组样本的观察值进行组合和等级排序,在相同的情况下分配平均等级。如果两个总体样本的位置相同,那么随机混合两个样本,之后计算组 1 分数高于组 2 分数的次数,以及组 2 分数高于组 1 分数的次数。Mann – Whitney U 统计是这两组数字中较小的那个。同时,显示 Wilcoxon W 统计量,是具有较小等级平均值的组的等级之和。

通过合并文件,重新生成前后测资源库学生学习情况的统计文件,利用两个独立样本的 Mann – Whitney U 检验方法,检验资源库优化前后学生的学习情况是否存在差异。组 1 代表前测,组 2 代表后测,从下列表中可以看出 U 值、W 值和 Z 统计量的具体数值,渐进显著性(双尾)均为 0.000(小于 0.05),拒绝零假设,证明资源库优化前后学生的学习情况存在显著差异(见表 5 – 8、5 – 9、5 – 10、5 – 11)。

表 5 – 8 资源库学生学习情况的非参数检验列组

| 维度 | 组别 | 个案数 | 秩平均值 | 秩的总和 |
| --- | --- | --- | --- | --- |
| 学习行为 | 1 | 333 | 278.76 | 92 827.00 |
| | 2 | 299 | 358.53 | 107 201.00 |
| 资源访问 | 1 | 333 | 288.87 | 96 195.00 |
| | 2 | 299 | 347.27 | 103 833.00 |
| 活动参与 | 1 | 333 | 273.74 | 91 155.50 |
| | 2 | 299 | 364.12 | 108 872.50 |
| 任务完成 | 1 | 333 | 288.70 | 96 138.00 |
| | 2 | 299 | 347.46 | 103 890.00 |
| 学习环境 | 1 | 333 | 287.32 | 95 677.50 |
| | 2 | 299 | 349.00 | 104 350.50 |
| 感知的学习支持 | 1 | 333 | 286.30 | 95 336.50 |
| | 2 | 299 | 350.14 | 104 691.50 |
| 感知的学习内容 | 1 | 333 | 293.54 | 97 749.50 |
| | 2 | 299 | 342.07 | 102 278.50 |
| 学习动机 | 1 | 333 | 286.34 | 95 350.50 |
| | 2 | 299 | 350.09 | 104 677.50 |
| 内部动机 | 1 | 333 | 287.30 | 95 671.50 |
| | 2 | 299 | 349.02 | 104 356.50 |

续表 5-8

| 维度 | 组别 | 个案数 | 秩平均值 | 秩的总和 |
|---|---|---|---|---|
| 外部动机 | 1 | 333 | 291.20 | 96 970.00 |
| | 2 | 299 | 344.68 | 103 058.00 |
| | 总计 | 632 | | |

表 5-9 学习行为检验统计 a

| | 学习行为 | 资源访问 | 活动参与 | 任务完成 |
|---|---|---|---|---|
| Mann – Whitney U | 37 216.000 | 40 584.000 | 35 544.500 | 40 527.000 |
| Wilcoxon W | 92 827.000 | 96 195.000 | 91 155.500 | 96 138.000 |
| Z | -5.484 | -4.035 | -6.228 | -4.046 |
| 渐近显著性(双尾) | 0.000 | 0.000 | 0.000 | 0.000 |

表 5-10 学习环境检验统计 a

| | 学习环境 | 感知的学习支持 | 感知的学习内容 |
|---|---|---|---|
| Mann – Whitney U | 40 066.500 | 39 725.500 | 42 138.500 |
| Wilcoxon W | 95 677.500 | 95 336.500 | 97 749.500 |
| Z | -4.241 | -4.407 | -3.350 |
| 渐近显著性(双尾) | 0.000 | 0.000 | 0.001 |

表 5-11 学习动机检验统计 a

| | 学习动机 | 内部动机 | 外部动机 |
|---|---|---|---|
| Mann – Whitney U | 39 739.500 | 40 060.500 | 41 359.000 |
| Wilcoxon W | 95 350.500 | 95 671.500 | 96 970.000 |
| Z | -4.386 | -4.265 | -3.696 |
| 渐近显著性(双尾) | 0.000 | 0.000 | 0.000 |

综上,通过运用定量统计研究方法对实验处理结果进行分析,比较资源库优化前后资源库学生学习的情况发现如下规律。

第一,后测样本描述性统计分析结果显示学生对资源库学习环境中的学习支持仍然不够满意;学生使用资源库的学习动机仍主要来自于内部动机;学生参与资源库的互动行为依旧不足。

第二,通过对前后测两样本中——配对的 59 名学生样本进行配对样本 T 检验,检验两配对总体的均值是否存在显著差异。结果显示,配对样本的前测和后测调查数据的平均值和标准差均存在显著性差异,因为显著性(双尾) < 0.05。两个独立样本的 Mann – Whitney U 检验中的 U 值、W 值和 Z 统计量均显示为 0.000(小于 0.05),呈现出渐进显著性(双尾),结果表明,资源库优化前后学生对学习环境的感知、学习动机及学习行为均呈现出统计学意义上的显著性差异,且资源库优化前的秩平均值明显高于资源库优化后的秩平均值。拒绝了零假设,即资源库优化前后资源库学生学习情况不存在统计学意义上的差异性。

因此,运用量化研究方法比较资源库优化前后资源库学生的学习情况,结果呈现出了显著性差异,初步验证资源库优化策略实施有效。

## 二、资源库优化后学生学习情况明显改善

为了保证研究的信度和效度,在运用量化研究方法进行实验处理结果分析的基础上,作者本人将同时运用访谈调查、课堂观察及网站调查等质性研究方法辅助实验分析,以期共同检验资源库优化策略的实施效果。

### (一)访谈调查分析

根据研究需要,再次通过电话或网络通信的方式,对参与过前测调查研究的 22 名学生及 13 名专业教师展开访谈调查研究,了解学生和教师对优化后资源库学习环境的看法。访谈调查具体内容如下:

例如 CS01 的观点是:

"周围同学们普遍反映,资源库网站的响应速度提升了,跟以前大不一样了。"

CS03 的观点是:

"现在资源库的界面很绚丽、很吸引人,更新也较为及时,有一种实时更新

的感觉。"

CS05 的观点是：

"我感觉现在在资源库获取想学的资源比以前容易,以前在遇到专业性问题时,我会第一时间想'百度',现在我会第一时间想焊接资源库。"

CS15 的观点是：

"我以前在上课时都不怎么愿意使用资源库,因为网站打开的速度太慢了,内容也比较枯燥,不能引起我的学习兴趣。现在即使在寝室,或者晚自习,我也会经常登录资源库进行学习。"

CS18 的观点是：

"最近我在使用资源库进行复习,我觉得资源库对于考取专业资格证书帮助非常大。相信资源库一定会成为自己今后工作中的好帮手。"

CT10 的观点是：

"我越来越感觉到资源库的实用性和专业性。目前,资源库已经成为自己备课的首选工具。"

CT12 的观点是：

"我发现学生使用资源库的热情高涨了,同时,学生使用资源库也越来越熟练了。在课堂上,学生会主动询问关于资源库中的问题了。下课后,QQ 群里针对专业问题的交流也越来越多了。"

基于对上述开放式编码内容的归纳,对具有代表性的编码进行归纳整理,归纳优化后资源库学习环境的主轴性编码(表 5-12)。

表 5-12 关于"优化资源库学习环境"访谈资料的记录和归纳

| 代号 | 访谈资料 | 编码 |
| --- | --- | --- |
| CS01 | "资源库网站的响应速度提升了,跟以前大不一样了" | 【响应速度提升了】 |
| CS03 | "界面很绚丽、很吸引人,更新也较为及时,有一种实时更新的感觉" | 【界面实时更新】 |
| CS05 | "感觉现在在资源库获取想学的资源比以前容易" | 【资源易于获得了】 |

续表 5-12

| 代号 | 访谈资料 | 编码 |
|---|---|---|
| CS15 | "现在即使在寝室,或者晚自习,我也会经常登录资源库进行学习" | 【越来越有吸引力了】 |
| CS18 | "资源库对于考取专业资格证书帮助非常大" | 【有助于考取资格证书】 |
| CT10 | "越来越感觉到资源库的实用性和专业性。目前,资源库已经成为自己备课的首选工具" | 【资源库具备实用性与专业性】 |
| CT12 | "发现学生使用资源库的热情高涨了" | 【学习热情逐渐提升】 |

根据访谈资料的记录与归纳发现,资源库优化后学生对资源库的学习热情和学习动机均具有明显改进,学生使用资源库学习的行为也有所改进。

(二)课堂观察分析

在资源库优化结束后,作者本人再次深入课堂实地,与学生共同上专业课,选择学生学习的维度,观察、了解、记录和分析学生对优化后资源库的学习状况。结果显示,资源库优化后学生对资源库的学习动机、学习热情和学习行为均具有明显改进。资源库优化后学生学习的课堂观察量表见表 5-13。

表 5-13 资源库优化后学生学习的课堂观察量表

| 视角 | | 资源库学生学习情况 | | | | | |
|---|---|---|---|---|---|---|---|
| 被观察班 | 2016级1班 | 课程 | | 焊接生产管理 | | | |
| 课前准备 | 准备的工具 | 是否齐全 | 准备充分人数 | 准备习惯如何 | | | |
| | 教材、笔记本、笔、手机 | 不完全(部分学生忘带笔和本) | 20/21 | 良好 | | | |
| 学生听课情况 | 认真听课人数 | 认真听课时间 | 学生发言人数 | 听课中辅助行为 | | | |
| | | | | 记笔记 | 查阅手机 | 看书 | 其他 |
| | 20(1人始终保持沉默、不参与) | 40分钟 | 19 | 16 | 21 | 17 | 10 |

续表 5-13

| 视角 | 资源库学生学习情况 | | | | | | | | | | |
|---|---|---|---|---|---|---|---|---|---|---|---|
| 课堂互动情况 | 课堂参与度 | | | 小组活动 | | | 个人活动 | | | 互动习惯 | | |
| | 人数 | 时间 | 质量 | 人数 | 时间 | 质量 | 人数 | 时间 | 质量 | 优秀 | 良好 | 一般 |
| | 20 | 40 | 良好 | 20 | 20 | 良好 | 20 | 20 | 良好 | | √ | |
| 学生自主学习 | 自主学习时间 | | | 自主学习人数 | | | 是否有序 | | | 自主学习方式 | | |
| | | | | | | | | | | 记笔记 | 查阅手机 | 思考 | 其他 |
| | 20 | | | 20 | | | 是 | | | | √ | √ | √ |
| 学生学习效果 | 目标达成度 | | | 达成目标人数 | | | 练习正确率 | | | 达成的成果 | | |
| | | | | | | | | | | 作业 | 演示 | 其他 |
| | 良好 | | | 20 | | | 95% | | | 良好 | 良好 | |
| 总体评价 | 本节课中教师的教学引导目标明确，教学内容层次清晰，讲学方式灵活多样，师生互动频繁；绝大部分学生课堂参与的积极性高，课堂气氛融洽。学生在充分理解掌握教材内容、PPT 演示内容的基础上，能够自主利用资源库检索所需资源，能够按照要求利用资源库进行课堂测验，学习兴趣大大提升 | | | | | | | | | | | |

### (三) 网站调查分析

为客观呈现资源库的建设细节和应用情况，确保研究的信度和效度，本人同时借助国家开放大学数字化学习技术集成与应用教育部工程研究中心提供的国家级职业教育专业教学资源库项目管理与监测平台提供的信息，通过对比分析发现：当前，焊接技术与自动化专业教学资源库已建设发展成为资源丰富、技术一流、国内领先，融"教学、培训、就业指导、终身学习"于一体的、服务国家"走出去"战略的"资源库"。焊接技术与自动化专业教学资源库在推动专业、产业发展，民生改善，经济发展，社会进步等方面的重要作用显现出强劲的发展势头。截至 2018 年 1 月 1 日，焊接技术与自动化专业教学资源库注册用户人数为 14 455 人，其中学生用户为 11 592 人，占全国焊接技术与自动化专业学生

17 635人的65.7%；企业培训人员用户为1 867人，社会学习者用户为2 983人，与2017年同类数据相比，学生用户增加5 781人，环比增长率160%。教师用户数增加192人，环比增长148%。课程使用率为100%，资源库使用累计时长为1.7亿多小时。资源库用户行为逐年增加，2018年较2017年相比，增加12.5%。以下分别显示出焊接技术与自动化专业教学资源库的用户角色对比、用户数量对比及用户行为对比的情况，如图5-17至5-21所示。

图5-17 实验处理前后资源库门户网站对比图

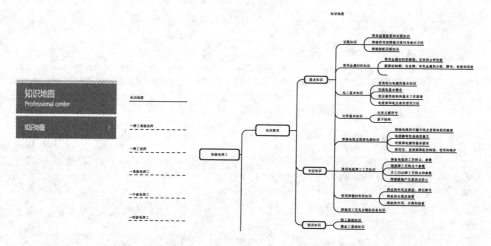

图5-18 实验处理前后资源库培训资源对比图

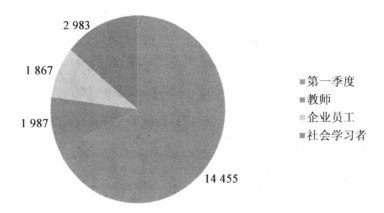

图 5-19　焊接技术与自动化专业教学资源库用户角色对比图

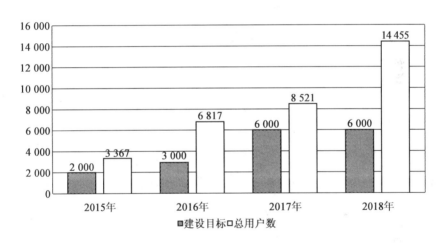

图 5-20　焊接技术与自动化专业教学资源库用户数量对比图

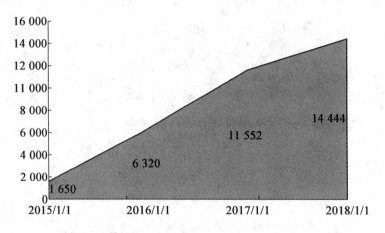

图 5-21 焊接资源库用户行为对比图

综上所述,针对调查研究(前测)确定的资源库学生学习行为的影响因素,提出资源库学习环境的优化策略,并将其运用到资源库的感知的学习支持和感知的学习内容。经过一段时间的实验处理,对相同群体样本学生开展优化后资源库学习情况的问卷调查研究、访谈调查研究、课堂观察及网站调查等量化和质性相结合的研究分析。结果均表明,资源库优化前后学生使用资源库的学习情况具有显著性差异,学生的学习动机、学习行为及对学习环境的感知明显改善。最终可以获得实验结论,即资源库优化策略实施有效。通过上述分析,这里可以对本研究的第五个研究问题(资源库优化前后,环境感知、学习动机和学习行为是否得到显著提高?)给出明确的答案。

# 第六章 讨论与结论

## 第一节 主要研究发现

本研究采用混合研究方法,以优化资源库的学习环境,提高学生使用资源库的行为,提升资源库的使用效果,促进职业教育信息化发展为目标,面向国家职业教育焊接技术与自动化专业教学资源库学生学习者共计950人次,开展量化与质性相结合的研究。通过准实验研究,针对资源库学生学习行为的影响因素,提出资源库的优化策略,并将其运用到资源库的学习支持和学习内容中。经过一段时间的实验处理,发现资源库优化前后学生使用资源库的学习情况具有显著性差异,学生对学习环境的感知、学习动机及学习行为明显改善,进而得到实验结论,即资源库优化策略实施有效。在此研究过程中,获得的主要研究发现如下:

(1)资源库优化前后,学生在学习环境感知中的"感知的学习支持"以及学习行为中的"活动参与"平均得分均相对较低,在学习动机中的"内部动机"平均得分均相对较高。描述性统计分析结果表明,学生对资源库学习环境中的学习支持条件相对不够满意,学生使用资源库的学习动机主要来自于内部动机,学生参与资源库交互活动的行为不足。

(2)学习环境感知、学习动机和学习行为之间均呈现显著正相关,只是不同变量之间的相关系数表现出一定的差别。相关分析结果显示,首先,"感知的学习支持"与"内部动机"的相关系数相对较高,为0.566。其次,"内部动机"与"资源访问"的相关系数相对较高,为0.619,说明学生的内部动机对于访问资源库中的学习内容具有重要的影响。再次,"感知的学习支持"与"资源访问"的相关系数相对较高,为0.685,说明资源库学习环境对于访问资源库中各类型资源具有非常重要的影响。

(3)在控制个体背景变量后,运用路径分析模型进行假设验证,从标准化系数得出,学习环境中的"感知的学习支持"对学习行为的影响为37.7%,学习动机中的"内部动机"对学习行为的影响为30.6%。多元相关平方为0.473,说明自变量感知的学习环境和学习动机对因变量学习行为具有较好的解释能力。

(4)学习动机是学习环境感知对学习行为预测的重要中介变量。在学习环境感知对"资源访问""活动参与""任务完成"等不同学习行为的预测方面,均有学习动机中介效应的存在,尤其对"活动参与"的中介效应更加明显。数据分析结果显示出,"内部动机"和"外部动机"的中介效应分别占了"活动参与"总效应的85.9%和55.3%。

(5)通过访谈调查发现,当前资源库存在的问题主要为学习支持的友好度尚需提升和学习内容的优异性有待提高。而资源库存在问题的原因表现为平台界面设计未能激发学生的注意力、学习内容与学习目标之间缺乏相关性、学习情境未能提高学生的自信心、缺乏以学生为中心的学习支持和未能使学生获得学习的满足感。

(6)通过设计个性化资源检索平台,设计新颖、生动、有趣、富有美感和吸引力的界面和内容,新增手机APP版本,实现中文、英文、俄文网页并存,设置具有启发式故事情境的栏目,新增各种类型的素材,采用多样化的内容呈现等优化策略,激发和维持了学生的注意力,唤起了学生的好奇心。

(7)通过制订符合学生个人需求、学习风格和经历的学习目标,将国际和国家专业标准融入课程内容,呈现与学生经验相关联的学习内容和具体实例等优化策略,满足了学生的学习需要,匹配了学生的学习动机。

(8)通过提供描述清晰且富有鼓励性的学习要求,明确解释成功的要求和评估的标准,新增AR和VR训练模拟器,打造全息化教学应用场景,为学生提供"督学""导学""助学"服务等优化策略,让学生更加了解自己、相信自己。

(9)通过试行学分互认机制,引导学生在学习过程中更加注重拥有愉悦的学习情绪,运用鼓励的言语和关注的态度强化学生的努力行为等优化策略,使学生感受到自己付出的努力得到了认可。

(10)资源库优化前后,学生对学习环境的感知、学习动机及学习行为呈现显著差异。研究分别采用配对样本 T 检验及两个独立样本的非参数检验的方法,比较资源库优化前后资源库学生学习情况的差异性。其中,运用配对样本 T 检验 59 名学生前后两测配对总体的均值是否存在显著差异,结果显示,所有配对样本的均值存在显著差异,显著性(双尾)<0.05。同时,运用两个独立样本非参数检验的方法,检验两个独立样本之间是否具有相同的分布,Mann-Whitney U 检验结果显示,渐进显著性(双尾)均为 0.000(小于 0.05),拒绝零假设,说明资源库优化前后学生学习状况存在显著差异。

## 第二节 资源库学生学习情况的"环境—动机—行为"实证模型

根据上述研究,以下将通过探讨学习环境感知、学习动机和学习行为之间的路径关系及其各自作用大小,对本研究的初始概念框架——资源库学生学习情况的"环境—动机—行为"框架进行适当讨论。

第一,学习动机在学习环境和学习行为之间的中介关系较为明确。从路径系数的显著性水平分析,在"感知的学习支持"与"资源访问"之间,"感知的学习支持"与"任务完成"之间,"感知的学习内容"与"资源访问"之间,能够检测出"内部动机"的部分中介效应("内部动机"中介效应量分别为 25.4%、25.4%、55.9%);在"感知的学习内容"与"活动参与"之间,"感知的学习内容"与"任务完成"之间,能够检测出"内部动机"的完全中介效应("内部动机"中介效应量分别为 85.9%、69.9%);在"感知的学习内容"与"资源访问"之间,"感知的学习内容"与"任务完成"之间,能够检测出"外部动机"的部分中介效应("外部动机"中介效应量分别为 30.1%、35.2%);在"感知的学习内容"与"活动参与"之间,能够检测出"外部动机"的完全中介效应("外部动机"中介效应量为 55.3%)。

第二,感知的学习环境、学习动机对"活动参与"与"任务完成"的影响还需要进一步检验。在本研究中,对"资源访问""活动参与""任务完成"的回归结果表明,在引入学习环境和学习动机变量后,对因变量的方差解释率分别为57.1%、23.7%和28%,说明自变量感知的学习环境和学习动机对因变量"资源访问"的解释能力相对较好,而对"活动参与"与"任务完成"的解释能力相对较弱,说明可能还存在其他重要解释变量,因此还需要进一步加以研究。最终,感知的学习环境、内部动机及外部动机、学习行为的结构方程模型如图6-1所示。

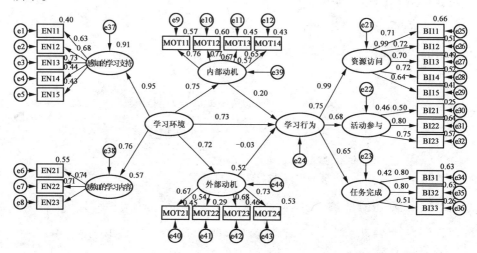

图6-1 感知的学习环境、内部动机及外部动机、学习行为结构方程模型

## 第三节 研究结论

本研究围绕学生不能很好地利用资源库进行学习的实际问题展开,为确定影响资源库学习行为的因素,在参考已有相关文献的基础上,开发了"职业教育专业教学资源库学生学习情况调查问卷"。通过对调查问卷获得的数据进行统计分析,发现学习动机的中介效应,为此基于激发学习动机的因素探讨资源库学习环境的优化策略。通过对焊接技术与自动化专业教学资源库实施优化策略,包括设计个性化资源检索平台、新增手机APP版本、实现中英俄文网页并

存、新增各种类型素材、课程内容融入国际和国家专业标准、打造全息化教学应用场景、设置具有启发式故事情境的栏目、为学生提供"督学""导学""助学"服务、新增 AR 和 VR 训练模拟器、试行学分互认机制等,最终运用准实验研究验证实验处理有效。本研究旨在优化资源库学习环境,促进学生学习行为,推动职业教育信息化科学有序发展。本研究的主要结论归纳如下:

## 一、提升学生的学习动机需搭建个性化资源检索平台

学生在技术环境下开展学习的关键点,是其作为用户及其对信息环境的感知。当用户感知到使用该技术是易用的且有用的,用户就会拥有倾向于使用该技术的态度,就会产生强烈的使用行为意愿(明均仁,2013)。感知易用性的影响因素主要包括系统界面呈现、用户个人背景特征、计算机系统可用性以及用户的愉悦性认知。本研究以焊接技术与自动化专业教学资源库为实验对象,充分考虑职业教育的特性,以及学生、教师、企业员工、社会学习者等在线学习者的学习习惯,强化微知库平台的资源检索功能,建成自主学习平台、课程搭建平台、行业培训平台及社会人员终身教育平台,实现个性化检索。本研究关注到了网络学习环境设计中不容忽视的问题,即要以激发和维持学生学习动机作为主要线索对资源库教学情境加以设计,通过系统地分析和规划各种学习资源、学习工具和学习过程,为学生创造能够充分发挥其主动性、积极性、创新性,并适合于主动建构知识的情境和条件。研究结果对于职业教育信息化教学实践具有重要的现实指导意义。

学习动机是学习环境中的关键因素,正如美国教育社会心理学家班尼所强调的:"如果一个环境对动机、工作表现和成就的影响是积极的,那么环境的气氛就会是友好的、相互支持的。"(班尼·约翰逊,1986)学习动机也是学生个体和学习环境之间的持续互动过程。已有关于学习环境的实证研究支持了学习环境与学习动机具有紧密关系的观点。不同研究者得出基于学习动机理论创设学习环境是促进学习效果的重要因素的结论。学习环境不仅应包含物质环境,还应包含学习动机、教学策略等因素。随着终身学习理论被逐渐接受,网络学习成为人们学习生活中不可或缺的部分,为了充分利用网络学习环境,实

现有效学习的关键是鼓励学生具备适当的学习动机,提高学生的学习效率,应将学习动机的激发和维持作为学习环境设计过程中的核心要素。

因此,在设计资源库学习环境时,应当借鉴学习动机的相关理论成果,分析学习的内部机制和影响因素,选择恰当的动机设计模型,设计与开发互动交流的工具,提升网络学习环境中学生的学习动机,增进学生与教师、学生与同伴之间的交互活动。关注学生学习动机的激励和维持是学习环境设计的重心,这也是进行有效学习和提高学习效率的重要条件之一。不能将动机作为先决条件或教学预备阶段的因素看待,而应该将动机视为学习环境设计的中心要素来对待。一个不能激发学生学习动机的学习环境充其量只是一个"学习资源仓库",一个真正"具有吸引力"的资源库学习环境必须能够激发和维持学生的学习动机。因此,致力于构建具备激发和维持学习动机的学习环境是当下值得高等职业院校坚持不懈努力的方向。

## 二、促进学生的学习行为需设置启发式的教学情境

学习行为不单纯受学习环境、个性特点、智力水平、健康状况、学习基础、学习习惯、学习方法等一系列主客观因素的制约,更会受到学习者学习动机的影响。设置启发式的教学情境,可以增加学生的学习体验,提升学生的自信心,激发和维持学生的学习动机。因此,充分了解学生的学习意向,适当采取教育教学手段,激发和维持学生的学习动机,是改善学生资源库学习行为、提高资源库使用效率、提升学生学习效果的重要前提和保证。本研究获得了与此观点相一致的结论。本研究首先对学习环境、学习动机和学习行为三个研究变量进行相关分析,发现所有变量之间均呈现统计学意义上的显著正相关关系。为进一步探明变量间的关系,更加准确地解释变量间的关系,通过线性回归分析及路径模型分析进行假设验证,模型分析结果显示,学习动机是学习环境感知对学习行为预测的中介变量,其中"内部动机"的中介效应更加明显,本研究验证了学习动机对于参与学习活动并顺利完成学习过程具有导向、促进和维持的作用,还进一步揭示了激发学生的内部动机是提高学生使用资源库学习的重点。内部学习动机是学生出于对学习本身的兴趣、爱好、好奇心、求知欲等,进而转化

为学习的动力,无须外力作用,也不必施以外部的表扬和奖励,就能让学生情绪高昂、自觉、积极、主动地学习。同时,在实验处理过程中,通过采用设置问题或呈现给学生感兴趣的故事等以展现资源库学习的内容,增加了学习内容的引导性和启发性,提高了学生对学习内容的求知兴趣,促进了学生的学习行为。

在已有研究中,汪霞和汪雅霜认为,学习兴趣每增加一个单位,学生的自主性及互动性学习投入分别提高 35.8% 和 16.3%,学生个体因素中的学习兴趣对学习投入度的解释力最高(汪雅霜,2017)。吕林海指出,学生的内部学习动机是根本,是支柱,是引擎,没有内部学习动机的支撑,外部动机是难以产生持久的、深层的认知推动力的(吕林海,2017)。然而,经调查,当前我国大学生的学习动机较多与自身目标、个人利益相关联,且多是直接性、近景性学习动机。较少有那种考虑学习的社会意义、社会需要、社会价值等较高认识和境界的远景性动机(毛晋平,1995)。对于此种现象,王廷芳从学习动机与学习者的利益关系视角展开调查,结果仍表现一致(王廷芳,1990)。当前大学生在学习动机方面所表现出的这些特点,一方面是由学习者自身内部缺乏自尊心、自信心引起的,原因多数来源于过去失败的体验,使学习者自认为能力不强,以至产生一定的自卑感,进而导致学习上缺乏动力;另一方面是来自学习者外部的影响,高职院校就业为导向的整体学习氛围,使得大多数学生进入高职院校只是关心能否顺利获得文凭及能否就业,而不会产生太多对知识和技能本身的兴趣。

可见,学生使用资源库的学习动机对学习行为具有较大影响,提高学生使用资源库学习动机的重点是激发其内部动机。因此,职业教育工作者和研究者在资源库的优化策略设计过程中,亟须深入分析学生内部学习动机不足产生的背景和原因,试图增加启发式的教学情境,激发其内部学习动机,改变学生对学习的认识,改善学生学习、生存的环境,合理安排学习计划,树立自信心,促进全身心的进步和发展,正向引导学生拥有积极向上的学习生活状态,消除学生对学习和就业产生的迷惘和困惑。

## 三、提升学生的学习效果需建构交互式的学习支持

交互式教学是学习支持服务的核心要素。在资源库的学习过程中提供交

互式的学习支持服务可以维持学生的学习动机。学生可以通过交互式教学获得在线学习的各类资源、信息、辅导和帮助,解决各种问题和困难,完成学习任务。本研究中,通过在焊接技术与自动化专业教学资源库中设置知识地图,为学生提供"导学"服务,通过为学习者提供QQ群、微信群等实现在线"助学"服务,通过向学生推送课程开课信息及知识测验等通知,实现资源库"督学"功能。"助学""督学""助学"等交互式学习支持有效实现了实时交互评价,增加了服务模式的适切性,增加了学生管理的导向性和启发性,提升了学生的学习满足感,降低了学生的学习厌倦感,提升了学生的学习效率和效果。已有研究同时指出,当前造成较高辍学率的主要原因是缺乏使学生能够主动参与学习的完善的学习支持服务系统(陈文竹,2015)。学习支持服务不仅是以学生为核心顺利完成学习任务的重要保证,而且是降低辍学率的关键要素(桑宇霞,2014)。学习支持服务对于提高远程教育教学质量具有极其重要的作用。

总体来说,焊接技术与自动化专业教学资源库为学生在学习过程中提供了有效的交互式的学习支持服务,但无论是前测还是后测描述性统计分析结果均表明,学生对在线交互支持服务相对不够满意。因此,在今后的建设过程中,需要进一步加强学习支持服务力度。关于"导学"服务,对于初学者,在学习初始阶段可以对其学习状况开展初步评估,进而根据评估结果设定相应的学习目标,生成个性化的学习计划,增强"导学"服务的针对性。通过引导学生对学习环境拥有基本的了解,有针对性地指导学生积极参与到学习活动中去;关于"督学"服务,为了便于教师根据学生的学习进度做出基本判断,提供个性化的支持服务,以跟踪和记录每一名学生在整个学习过程中的行为,并随时为学生提供反馈信息。关于"助学"服务,为使学生顺利完成学习任务,可以进一步丰富互动交流形式,为学习过程中遇到困难的学生提供实质性的解决方案。

## 第四节 启示与展望

### 一、研究启示

上述研究发现和结论能给我国职业教育工作者和研究者带来哪些启示?本书认为,可以从以下三个方面做出努力。

**(一)以激发学习动机为目标,建设资源库学习支持和学习内容**

通过调查研究方法,证明了要以激发和维持学生学习动机作为主要线索对资源库教学情境加以设计。因此,在构建资源库时,应以学生为中心,建设能够激发和维持学生学习动机的学习支持和学习内容,具体包括:第一,关于资源库的平台,应设计新颖、生动、有趣、富有美感和吸引力的界面和内容。通过提问、制造矛盾或提出挑战等方式,营造能够满足学生好奇心和认知需求的问题情境;采用多样化的内容呈现、具体类比、人性化例子或不可预知事件,组织每个学生参与讨论或角色扮演活动等。设置导学服务,例如课程介绍、课程推荐、常见问题等,使学生对学习环境有所适应和了解,引导学生对学习的课程内容有所了解并能够积极主动地参与到学习活动中。设置具备学习进度和学习提醒等功能的督学服务,跟踪记录学生的学习进程和完成学习计划的实际情况。通过设置问题反馈或投诉、集中答疑、实时讨论、线下讨论或一对一辅导助学服务,帮助学生顺利完成学习任务,达到预定学习目标等。第二,关于资源库的学习内容,应制订符合学生学习风格、学习需求和与既往学习经历相适宜的学习目标。提供已有成功的学习案例、协作型学习案例和积极向上的角色典型,使学生的动机及价值观与教育教学相符合。提供描述清晰且富有鼓励性的学习要求,明确解释成功的要求和评估的标准。提供难度适当且力所能及的学习任务等,进而使得资源库学习内容可以满足学生的学习需要、匹配学生的学习动机、符合学生的学习习惯,达到让学生了解自己、相信自己的教学目的。第三,关于资源库的学习支持,应引导学生在学习过程中更加注重拥有愉悦的学习情绪。根据学生的实际情况制订与既定目标相一致的合理的评价标准。恰当地使用鼓励性的言语以及关心爱护的态度强化学习过程中学生的行为和努力,或让学生公开展示其学习成果,给予表扬、赞赏以及相应的物质奖励等。

## (二)易用性与有用性相结合,多层次构建资源库学习环境

根据技术接受模型相关研究,对资源库学习环境的感知易用性是学生认为使用资源库的难易程度,而感知有用性是学生认为使用资源库将提高其专业技能的程度。感知的易用性与有用性会直接影响学生对资源库的学习动机。伴随着 Web2.0 新技术和新兴学习理念的发展,学习环境呈现出"范围整体化""场域多元化""开发多维化"和"影响多样性"的发展趋势,其研究范围也拓展到学生的学习方式方面。为满足学生的个性需求,研究者们以此来挖掘学习方式对学生学习的影响,探索内在的本质与功能(Akbari,2011)。为了提升学生使用资源库的学习行为,在构建资源库学习环境时,不仅应包括前文所述的能够激发和维持学生学习动机的学习支持和学习内容,还应包括以用户需求为导向的思想观念、以学校信息化为基础的应用环境、以服务为目标的自主性支撑平台、以成为教学资源整合的"催化剂"为目标的教师角色定位,以人为本的信息素养教育以及持久连续的激励机制等内容,易用性与有用性相结合,多层次构建资源库学习环境。具体包括:第一,在思想观念方面,资源库的建设与应用要始终坚持问题导向,根据使用者的需求对资源库的建设与改进内容不断地升级改造,做到从提供资源向提供服务转变。第二,在应用环境方面,资源库的建设与应用必定以学校信息化为基础,既需要虚拟现实等技术来建设和显示资源,又需要提升学校自身的网络信息化水平以提升体验、促进应用、提高能力。第三,在技术服务方面,学校应以提供优质资源服务为目标,摆脱现有平台可扩展性差的束缚,切实加强自主性,因地制宜地完善平台导学、助学、督学方面的功能,为资源库项目建设与应用的有序开展做好技术支撑。第四,在角色定位方面,教师应成为教学资源整合的"催化剂"。根据系统论的观点,当系统结构合理时,它的整体功能大于部分功能之和。因此,如果要让资源库在专业教学中发挥更大的作用,达到 $1+1>2$ 的效果,就需要实现教学资源之间的整合。不仅包括资源库、信息技术等物力资源,还包括学生、教师等人力资源,而使各种资源充分整合的"催化剂"就是教师。教师要在备课时甄选资源库中的相关

资源,使讲课内容更加丰富多彩,使学生更有学习兴趣;在课堂教学中,除了合理运用课前准备好的讲授内容外,还可以利用"学生"这一重要的教学资源,随时与学生进行互动,使学生更愿意主动参与到学习活动中;最终,使得学生能够且愿意将课堂学习到的资源延伸到课堂之外的社会实践中,实现教学资源的充分整合。第五,在信息素养方面,为让学生学会"选择"学习的内容和学习的方式,提升学生对职业教育专业教学资源库的认知,学校可以采取在全校范围内开设信息检索课、定期召开不同层次不同类型的专题讲座、将信息素养教育融入专业课程的嵌入式教学模式等方式,帮助学生掌握信息检索和利用的基本方法和技术,充分利用专业教学资源库,有效地和高效地获取信息,精确地和创造性地使用信息,提升选择性学习、创造性学习的能力。第六,在激励机制方面,为了充分调动学校和教师参与建设资源库的积极性和主动性,学校可以依据法律法规、价值取向和文化环境等,从物质、精神等方面给予激发和鼓励,保障资源库的可持续性发展。总之,目前已经形成以系统为中心的学习环境的研究思路,该思路是由以实体为中心的研究思路过渡而来的,这不仅需要将学习环境视为一个开放的整体的系统进行深入分析,还要对学习环境实体本身展开深入研究。

**(三)进一步完善资源库制度保障,提升高职学生的学习动机**

作为职业教育领域接受中央财政支持的唯一项目,资源库建设项目是当前高职院校优质化建设进程中"优质资源"建设的重要改革举措,项目建设的根本目标在于实现高职院校资源的优质化,通过优质资源的共享,不断缩小院校间的专业发展水平差距,从而推进高职院校的均衡发展。为了使优质资源在教育教学中的实际应用进一步强化,扩大优质资源的覆盖面,提升学生使用资源库的积极性,应进一步完善资源库制度保障,确保资源库不断完善、持续发展和推广应用。

一方面,管理部门应完善质量保证与学分认证制度。完善的质量保证制度是保证学分认证发生的重要前提和基础,学分认证制度对于促进资源库向优质化和精细化发展具有极其重要的作用。搭建完善的资源库学习质量评价体系,对学生的学习过程、学习结果以及学习质量加以客观评价,不仅可以制约资源库学习资源规模的盲目扩张,营造良好的资源库发展环境,而且可以为资源库学习学分认定提供支持,实现以职业教育信息化助推职业教育现代化。因此,可以将其作为抓手,提升学生使用资源库的学习动机,促使资源库真正成为职业教育教学实践的有机组成部分。另一方面,职业院校应创设有效的激励机制,充分发挥专业教学资源的作用,提升学生的学习动机,促进学生对资源库的使用行为,促使教师将资源库中的资源真正运用于课堂教学,提高课堂教学质量,提高教师业务水平。有研究指出,虽然我国存在高等教育资源区域和院校类型上分布不均衡的问题,但教育资源配置格局与人才培养质量格局之间具有复杂的关系,资源条件优势并不等同于学生的高学习投入度和高教育收获(赵琳,2012)。学生对学习的投入度虽然受到高职院校声誉的影响,但是与院校的支持力度相比,院校支持力度的影响和作用更显著(汪雅霜,2015)。因此,高职院校在考虑所处区域和院校类型的同时,还应结合自身实际,采取相应的激励措施,对积极参与资源库学习的学生、参与资源库建设的教师个人或专业集体给予一定的政策支持和物质奖励。例如,在期末考试考核中给予学生、教师或专业集体相应加分,个人在评优评模、职称评定过程中相应加分,集体在优秀团队评定过程中相应加分等。

## 二、主要创新点

本研究围绕学生不能很好地利用资源库进行学习的现实问题,构建以学习行为为核心的资源库学习情况模型,对资源库学习行为的发生状况和机制以及与此相关的理论问题进行了基础性和探索性研究,研究的创新之处归纳如下:

1. 设计并开发了资源库学生学习情况调查工具

本研究以三元交互决定论和理性行为理论等为基础,参考国内外相关研究成果,设计开发了具有良好信效度的"职业教育专业教学资源库学生学习情况调查问卷",对高职院校学生开展了资源库学习情况调查,为确定学习行为影响因素、提出优化策略和判断优化成效提供了数据支撑。

2. 提出并实证了基于资源库的"环境—动机—行为"模型

基于文献综述,研究提出了基于资源库的"环境—动机—行为"假设模型,利用"职业教育专业教学资源库学生学习情况调查问卷"采集了数据,采用结构方程模型方法检验学习环境感知、学习动机与学习行为之间的结构关系,对整体模型拟合程度进行了估计,运用置信区间法验证了学习动机的完全中介效应,为资源库优化准实验研究提供了理论支撑。

3. 提出并确立了资源库交互式学习支持优化策略

本研究聚焦资源库学生学习行为的影响因素,提出了包括"导学""督学""助学"在内的资源库交互式学习支持优化策略,实施了资源库优化准实验,提升了学生对资源库学习环境的感知效果,激发了学生使用资源库的行为,为资源库的推广与应用及职业教育信息化建设提供了实践支撑。

### 三、进一步研究方向

本研究在已有研究成果的基础上,对资源库学习环境的优化策略及实施效果进行了探究,为我们理解和认识高职院校学生并基于他们的学习特点优化资源库学习环境带来了启示。当然,作为一项资源库学习环境下学生学习行为的初步探索,进一步开展研究还需要探究以下几个方面:

第一,研究对象需要丰富。本研究选择的研究对象为职业教育焊接技术与自动化专业的学生,虽代表一部分高职学生群体,但不同专业学生的学习动机类型存在着一定的差异,有些专业的特点容易使学生产生功利性和实用性的学习念头。且高职学生的学习动机与学校的教育环境和氛围也会存在差异性(Manfred,2007)。因此,为了研究结论更具有客观性、普遍性和可推广性,还需要更多来自其他不同专业的学生的调查数据作为研究数据,这在当前全国各地高职院校积极开展中国特色高水平高职学校和专业建设的时代背景下尤显迫切。

第二,研究结果需要挖掘。在本研究中,感知的环境和学习动机对"活动参与"与"任务完成"的解释能力相对较弱,说明可能还存在其他重要的解释变量。因此在今后的研究中,需要考虑其他研究变量或对研究变量的维度进行细化,提高自变量对因变量的解释力度,形成更加具有可操作性的研究结论。

第三,优化策略需要升级。以资源库平台为例,下一步将进一步考虑企业员工、社会学习者的学习需要,提升访问路径、资源下载、智能查询、便捷程度等应用功能,构建适应产业发展需求的资源管理系统。

随着"中国制造2025"和"工业4.0"等战略规划的提出,培养高水平的制造业人才以及提升人才培养质量成为重中之重。职业教育便肩负着这一使命,尤其是基于信息技术环境下的职业教育的发展(高媛,2018)。习近平总书记曾指出"没有信息化,就没有现代化",这一论断在职业教育领域同样适用。没有职业教育信息化,就没有职业教育现代化(任友群,2018)。为了增进中国职业教育的管理者和从业者对信息技术应用态势的把握,促进中国职业教育的信息化进程,2018年,中国职业教育版《地平线报告》——《2018中国职业教育技术展望:地平线项目报告》正式发布。我国政府已将职业教育信息化提升到前所未有的高度。然而,相比于我国实施"互联网+"等重大战略的需求,相比于世界数字化、智能化、网络化的发展趋势,相比于实现职业教育现代化的发展要求,职业教育信息化的发展水平还亟待提升。2018年教育部正式公布首批国家精品在线开放课程认定结果,这是国家教育部贯彻落实党的十九大精神、努力写好高等教育奋进之笔的一项重要举措(林惠青,2018)。中国慕课获得了全球范围内首次国家级认定,中国教育拥有了领先全球的创新之举。但是从2018年及2019年被评定为国家级精品在线课程的数量来看,将官方权威审定与用户口碑反馈融合在一起,综合课程内容质量、选课人数、师生互动、开课次数、示范意义等多个维度遴选出的首批490门高校课程中,本科课程占468门,专科高等职业教育课程占22门,专科课程占比仅为4.5%;2018年认定的801门课程中,本科课程占690门,专科高等职业教育课程111门,专科课程占比13.9%。专科高等职业教育课程占比较上一年虽有所提升,但结果仍较为悬殊,这便与国家高度重视并积极投入职业教育信息化建设形成鲜明对比。国家级精品在线课程与本研究中的职业教育专业教学资源库面临同样"遭遇",职业教育信息化可谓任重而道远。

因此,为了使信息化在职业教育教学和管理中发挥更好的作用,需要深入分析同时动态了解职业教育信息化背景下,不同区域、不同学校的用户的认知和不同行为情境下的接受程度、行为意向及其主导影响因素(包含显性的确定因素与潜在的不确定因素),进一步提升职业教育信息化的服务质量。在已有研究的基础上,继续优化完善职业教育信息化用户感知行为相关模型,并对模型加以应用。既可以选择实验研究,验证资源库阶段性优化的实施效果,也可以针对国家精品在线课程,以及其他教育信息化资源的学习用户开展调查研究,分析影响用户行为的因素,提出具有可操作性的解决问题的对策,为职业教育信息化的良性建设和发展提供科学实用的理论与实践依据。

教育信息化日益成为各个国家变革教育的战略选择和具体实践。党的十九大首次把"网络教育"写入报告,为我国教育信息化指明了方向。2018年4月,教育部发布《教育信息化2.0行动计划》,提出创造信息时代的新教育。随着我国的日益强大,国力的不断增强和教育信息化水平的不断提升,我们相信以"大数据""云计算""人工智能"和"互联网+教育"等为代表的新兴信息技术必定会广泛而深入地应用于教育教学之中,这既是广大人民群众想要尽快实现的教育信息化愿景,也是"中国梦"在教育信息化领域的具体体现。

# 附录 A  "职业教育专业教学资源库学生学习情况"调查问卷

尊敬的同学:

你好!为更好地建设和推广职业教育专业教学资源库(简称"资源库"),提供更优质的网络学习资源与服务,我们特制作此调查问卷,深入开展资源库使用状况调研,开展相关专题研究。现希望你参加本次调查并根据实际情况如实回答。这可能会花费你 10 分钟左右的时间,在此对你提供的支持和帮助表示深深的谢意!本问卷采用实名形式,我们将恪守科学研究的道德准则,对你的资料严格保密,问卷内容仅供本次研究使用。

在填写问卷时,请注意以下事项:

(1)请你在仔细阅读后,根据你本人的实际情况认真填答问卷。如无特殊说明,每个问题只选一个答案,请在你认为正确/合适的选项或数字上打√。

(2)答案无对错之分,请你如实回答。如果某题所述与你情况不符,请挑选最接近的答案。

职业教育焊接技术及自动化专业教学资源库课题组<br>2017 年 11 月 18 日

## 第一部分  个人基本情况

1.1  姓名:_____

1.2  学号:_____

1.3  性别:□$^1$ 男  □$^2$ 女

1.4 年级：201_____级

1.5 所在学校：_____

1.6 所在专业：_____

1.7 入学起点：

□$^1$ 普通高中毕业　□$^2$ 中等职业学校毕业　□$^3$ 初中毕业

1.8 你每周登录资源库学习的频率是？

□$^1$ 完全不用　□$^2$ 1~2 天　□$^3$ 3~4 天　□$^4$ 5~6 天　□$^5$ 7 天

1.9 你平均每天登录资源库学习的时间是多少？

□$^1$ 0.5 小时以内　□$^2$ 0.5~1 小时　□$^3$ 1~2 小时　□$^4$ 2~3 小时

□$^5$ 3 小时以上

1.10 你每次访问资源库网站的时间一般是？

□$^1$ 5 分钟以内　□$^2$ 5~10 分钟　□$^3$ 10~30 分钟　□$^4$ 30~60 分钟

□$^5$ 1 小时以上

## 第二部分　资源库学习情况调查

你好！以下各题目是为了了解你在使用资源库学习过程中的学习情况，请你在下列描述中选择一个最符合实际的选项并打√。(1 = 完全不符合,2 = 大部分不符合,3 = 有点不符合,4 = 有点符合,5 = 大部分符合,6 = 完全符合)

| 2.1 | 我会完全按照老师的要求使用资源库学习 | 1 | 2 | 3 | 4 | 5 | 6 |
|---|---|---|---|---|---|---|---|
| 2.2 | 我一般会根据自身的兴趣学习资源库中精彩的内容 | 1 | 2 | 3 | 4 | 5 | 6 |
| 2.3 | 我会先参考学习目标再学习课程内容 | 1 | 2 | 3 | 4 | 5 | 6 |
| 2.4 | 我一般只在资源库中浏览资源 | 1 | 2 | 3 | 4 | 5 | 6 |
| 2.5 | 我一般会收藏资源库中感兴趣的资源 | 1 | 2 | 3 | 4 | 5 | 6 |
| 2.6 | 在资源库中遇到有用的信息时,我会转发给同学 | 1 | 2 | 3 | 4 | 5 | 6 |
| 2.7 | 我感觉使用资源库教学,同学与老师之间的互动更多了 | 1 | 2 | 3 | 4 | 5 | 6 |
| 2.8 | 我经常使用资源库的论坛发帖 | 1 | 2 | 3 | 4 | 5 | 6 |
| 2.9 | 在使用过程中遇到疑问时,我会首先在资源库论坛中提问 | 1 | 2 | 3 | 4 | 5 | 6 |

| 2.10 | 我经常使用资源库在线完成作业 | 1 | 2 | 3 | 4 | 5 | 6 |
|---|---|---|---|---|---|---|---|
| 2.11 | 我经常使用资源库完成老师布置的随堂测试 | 1 | 2 | 3 | 4 | 5 | 6 |
| 2.12 | 我更喜欢资源库提供的在线考试评价方式 | 1 | 2 | 3 | 4 | 5 | 6 |
| 2.13 | 资源库学习完成后，能够达到预定目标 | 1 | 2 | 3 | 4 | 5 | 6 |
| 2.14 | 通过使用资源库学习，我对自己的学习成效非常满意 | 1 | 2 | 3 | 4 | 5 | 6 |
| 2.15 | 我对资源库整体非常满意 | 1 | 2 | 3 | 4 | 5 | 6 |

你好！以下各题目是为了了解你在使用资源库学习过程中的学习情况，请你在下列描述中选择一个最符合实际的选项并打√。（1＝完全不符合，2＝大部分不符合，3＝有点不符合，4＝有点符合，5＝大部分符合，6＝完全符合）

| 3.1 | 资源库能够满足我的自主学习需要 | 1 | 2 | 3 | 4 | 5 | 6 |
|---|---|---|---|---|---|---|---|
| 3.2 | 资源库提升了我的就业自信心 | 1 | 2 | 3 | 4 | 5 | 6 |
| 3.3 | 资源库对我的专业课学习很有帮助 | 1 | 2 | 3 | 4 | 5 | 6 |
| 3.4 | 使用资源库学习，能够增长知识、拓宽视野 | 1 | 2 | 3 | 4 | 5 | 6 |
| 3.5 | 资源库能够满足我今后工作的需要 | 1 | 2 | 3 | 4 | 5 | 6 |
| 3.6 | 我乐意学习资源库提供的各种资源 | 1 | 2 | 3 | 4 | 5 | 6 |
| 3.7 | 我越来越喜欢使用资源库进行学习了 | 1 | 2 | 3 | 4 | 5 | 6 |
| 3.8 | 资源库使得专业课学习变得不再枯燥乏味了 | 1 | 2 | 3 | 4 | 5 | 6 |
| 3.9 | 使用资源库进行学习我感到很享受 | 1 | 2 | 3 | 4 | 5 | 6 |
| 3.10 | 在使用资源库学习的过程中我能体会到乐趣 | 1 | 2 | 3 | 4 | 5 | 6 |
| 3.11 | 课前我会在资源库中浏览老师即将讲解的知识 | 1 | 2 | 3 | 4 | 5 | 6 |
| 3.12 | 上课时我会根据老师讲解，检索资源库中相关内容 | 1 | 2 | 3 | 4 | 5 | 6 |
| 3.13 | 下课后我会及时使用资源库进行复习 | 1 | 2 | 3 | 4 | 5 | 6 |
| 3.14 | 不需要别人督促，我也能使用资源库进行学习 | 1 | 2 | 3 | 4 | 5 | 6 |
| 3.15 | 遇到不懂的问题，我会及时通过资源库寻找答案 | 1 | 2 | 3 | 4 | 5 | 6 |

你好！以下各题目是为了了解你在使用资源库学习过程中的学习情况，请你在下列描述中选择一个最符合实际的选项并打√。（1＝完全不符合，2＝大部分不符合，3＝有点不符合，4＝有点符合，5＝大部分符合，6＝完全符合）

| | | | | | | | |
|---|---|---|---|---|---|---|---|
| 4.1 | 资源库内容组织符合逻辑,有助于我对内容的理解 | 1 | 2 | 3 | 4 | 5 | 6 |
| 4.2 | 资源库中内容表现形式多种多样 | 1 | 2 | 3 | 4 | 5 | 6 |
| 4.3 | 资源库中内容便于传播和共享,能提高我的学习效率 | 1 | 2 | 3 | 4 | 5 | 6 |
| 4.4 | 资源库中内容更新及时,能让我更快地把握更多信息 | 1 | 2 | 3 | 4 | 5 | 6 |
| 4.5 | 学习活动形式丰富多样 | 1 | 2 | 3 | 4 | 5 | 6 |
| 4.6 | 学习活动的设计紧扣学习内容 | 1 | 2 | 3 | 4 | 5 | 6 |
| 4.7 | 学习内容的难度安排难易适中 | 1 | 2 | 3 | 4 | 5 | 6 |
| 4.8 | 资源库中包含的内容能够满足学习需要 | 1 | 2 | 3 | 4 | 5 | 6 |
| 4.9 | 各种素材资源丰富多样,很好地支持了我的学习 | 1 | 2 | 3 | 4 | 5 | 6 |
| 4.10 | 学习范例与学习任务关联良好,很有帮助 | 1 | 2 | 3 | 4 | 5 | 6 |
| 4.11 | 资源库的评价方式,更有助于检测学习效果 | 1 | 2 | 3 | 4 | 5 | 6 |
| 4.12 | 学习资源组织分类有序,能使我快速找到需要的信息 | 1 | 2 | 3 | 4 | 5 | 6 |
| 4.13 | 各种素材资源方便下载,能让我随时随地进行学习 | 1 | 2 | 3 | 4 | 5 | 6 |
| 4.14 | 即时的评价与反馈可以让我及时调整自己的学习 | 1 | 2 | 3 | 4 | 5 | 6 |
| 4.15 | 使用资源库对我来说是一件很容易的事情 | 1 | 2 | 3 | 4 | 5 | 6 |
| 4.16 | 老师能够随时在线指导学习,提高了我的学习积极性 | 1 | 2 | 3 | 4 | 5 | 6 |
| 4.17 | 有很多机会与老师在线交流互动 | 1 | 2 | 3 | 4 | 5 | 6 |
| 4.18 | 参与小组形式的活动,同学的见解加深了我对所学内容的理解 | 1 | 2 | 3 | 4 | 5 | 6 |
| 4.19 | 通过资源库与其他同学交流,提高了我的学习兴趣 | 1 | 2 | 3 | 4 | 5 | 6 |
| 4.20 | 我能利用资源库在线帮助同学解决学习中遇到的问题 | 1 | 2 | 3 | 4 | 5 | 6 |
| 4.21 | 资源库中其他同学的经验有助于解决我学习中遇到的问题 | 1 | 2 | 3 | 4 | 5 | 6 |

你好!以下各题目是为了了解你在使用资源库学习过程中的学习情况,请你在下列描述中选择一个最符合实际的选项并打√。(1 = 完全不符合,2 = 大部分不符合,3 = 有点不符合,4 = 有点符合,5 = 大部分符合,6 = 完全符合)

| | | | | | | | |
|---|---|---|---|---|---|---|---|
| 5.1 | 生动有趣的案例激发了我使用资源库学习的热情 | 1 | 2 | 3 | 4 | 5 | 6 |
| 5.2 | 使用资源库上课使得课程听起来越来越生动有趣了 | 1 | 2 | 3 | 4 | 5 | 6 |
| 5.3 | 随着学习进程的深入,我对专业学习的兴趣越来越浓了 | 1 | 2 | 3 | 4 | 5 | 6 |
| 5.4 | 登录资源库学习时,我的精神状态比传统课堂学习时好 | 1 | 2 | 3 | 4 | 5 | 6 |
| 5.5 | 总体来说,我对使用资源库学习拥有浓厚的兴趣 | 1 | 2 | 3 | 4 | 5 | 6 |
| 5.6 | 我使用资源库是为了探究理论是如何运用于实践的 | 1 | 2 | 3 | 4 | 5 | 6 |
| 5.7 | 课后我会经常登录资源库学习专业知识 | 1 | 2 | 3 | 4 | 5 | 6 |
| 5.8 | 我常因使用资源库解决了某个问题而感到欣慰 | 1 | 2 | 3 | 4 | 5 | 6 |
| 5.9 | 我希望利用资源库提高自己的专业技能 | 1 | 2 | 3 | 4 | 5 | 6 |
| 5.10 | 通过资源库学会一种新技能时我会感到很兴奋 | 1 | 2 | 3 | 4 | 5 | 6 |
| 5.11 | 我试图通过资源库来提高专业学习成绩 | 1 | 2 | 3 | 4 | 5 | 6 |
| 5.12 | 使用资源库学习,增加了我成为技术技能人才的信心 | 1 | 2 | 3 | 4 | 5 | 6 |
| 5.13 | 资源库中紧贴学习主题的内容利于我完成老师布置的任务 | 1 | 2 | 3 | 4 | 5 | 6 |
| 5.14 | 因使用资源库学习而得到老师表扬时我会感到很满足 | 1 | 2 | 3 | 4 | 5 | 6 |
| 5.15 | 我想利用所学知识去参加技能大赛,为学校争光 | 1 | 2 | 3 | 4 | 5 | 6 |

我们的调查结束了,你辛苦了! 再次向你表示感谢! 你有什么建议和要求,欢迎写在下面:

_____

_____

几个月后我们还准备进行再次调查。希望到时候能再次访问你。请留下你的电话号码或者电子邮件地址:

电话号码:_____

E – mail:_____@_____

# 附录 B "职业教育专业教学资源库学生学习情况"访谈提纲

访谈时间：_____  访员：_____  记录员：_____

录音员：_____  学生编号：_____  性　别：_____

就读学校：_____  就读专业：_____

访谈开始时刻：_____  访谈结束时刻：_____

_____同学，你好！首先非常感谢你在百忙之中接受我的访谈，帮助我完成此项研究。

首先，我先简要介绍一下本项研究的背景、目标和研究问题（具体陈述，同时将本提纲让访谈对象浏览）。为了更好地建设和推广职业教育专业教学资源库（简称"资源库"），提供更优质的网络学习资源与服务，我们特制作此访谈调查提纲，针对资源库"感知的学习支持"和"感知的学习内容"两个维度开展深入访谈调研，开展相关专题研究。现希望你参加本次访谈调查并根据实际情况如实回答。本次访谈采用匿名形式，我们将恪守科学研究的道德准则，对你的资料严格保密，访谈内容仅供本次研究使用。

为了回答下述问题，实现研究目标，此次访谈预计需要花费你半个小时左右的时间。不过你可以根据情况控制时间长短。

"访谈问题一"：你认为资源库的学习支持友好程度如何？（例如"资源库的平台界面设计是否完善？""平台功能设计是否符合你的学习习惯？""资源库是否具备引导学生进行学习的导学服务？""资源库是否具备帮助学生进行学习的助学服务？""资源库是否具备监督学习进行学习的督学服务？""通过学习体验，是否提升了你的自信心？你是否满意？"）

"访谈问题二":你认为资源库的学习内容是否优异?(例如"学习内容是否能够满足你的学习目标?""学习内容是否符合你的个性需求?""学习内容是否感觉枯燥乏味?")

再次向你的积极配合表示衷心的感谢!

# 参考文献

[1] 班杜拉.社会学系心理学[M].长春:吉林教育出版社,1998:23.

[2] 班尼·约翰逊.教育社会心理学[M].邵瑞镇,等译.昆明:云南教育出版社,1986:235.

[3] 边鹏.技术接受模型研究综述[J].图书馆学研究,2012(1):4-8.

[4] 步雅芸.面向SPOC的职业教育专业教学资源库建设与运用[J].职业技术教育,2015(11):12-15.

[5] 陈丽.远程教学中交互规律的研究现状述评[J].中国远程教育,2005(1):13-20.

[6] 陈文竹.MOOC运行模式创新成功之道:以Coursera为例[J].现代远程教育研究,2015(3):65-71.

[7] 池丽萍,辛自强.大学生学习动机的测量及其与自我效能感的关系[J].心理发展与教育,2006(2):32.

[8] 戴勇.高职院校共享型专业教学资源库建设核心问题研究[J].中国高教研究,2010(3):80-81.

[9] 杜·舒尔茨.现代心理学史[M].北京:人民教育出版社,1981:9.

[10] 杜岸政.心理学研究中的中介效应分析意义及方法评述[J].中国心理卫生杂志,2014:578-583.

[11] 樊文强,靳会峰.远程学习支持服务学生感知服务质量评价个案研究[J].现代教育技术.2010(12):86-90.

[12] 范春林,张大均.学习动机研究的特点、问题及走向[J].教育研究,2007(7):72-77.

[13] 风笑天.社会调查原理与方法[M].北京:首都经济贸易大学出版社, 2008:52-67.

[14] 风笑天.社会研究方法[M].北京:中国人民大学出版社,2017:87-88,182.

[15] 冯锐.关于网络教学中激发学生学习动机有效策略的研究[J].扬州大学学报,2015(1):93-96.

[16] 甘怡群.中介效应研究的新趋势——研究设计和数据统计方法[J].中国心理卫生杂志,2014(8):584-585.

[17] 高申春.心灵的适应:机能心理学[M].济南:山东教育出版社,2009:90.

[18] 高文兵,郝书辰.中国高等教育资源分布与协调发展研究[M].北京:高等教育出版社,2008:121.

[19] 高媛,陈潇.《2018中国职业教育技术展望:地平线项目报告》解读与启示[J].电化教育研究,2018(4):101-108.

[20] 龚云.影响高职学生学习倦怠的因素分析[J].当代教育论坛,2010(4):102-103.

[21] 郭德俊.ARCS动机设计模式[J].首都师范大学学报社会科学版.1999(5):7-10.

[22] 郭扬,刘德恩.实验研究——提高职教研究水平的策略[J].职教通讯,1998(7):3-6.

[23] 郭玉娟.MOOC学习者学习动机激发策略研究[J].远程教育,2015(5):36-37.

[24] 韩敏霞.信息技术条件下有效激发和维持大学生学习动机的策略研究[D].延吉:吉林延边大学,2009:19.

[25] 何克抗.关于发展中国特色教育技术理论的深层思考(上)[J].电化教育研究,2010(5):5-19.

[26] 何克抗.关于发展中国特色教育技术理论的深层思考(下)[J].电化教育研究,2010(6):39-54.

[27] 何克抗.我国教育信息化理论研究新进展[J].中国电化教育,2011(1):1-19.

[28] 何克抗.关于MOOCs的"热追捧"与"冷思考"[J].北京大学教育评论,2015(13):3.

[29] 侯杰泰.结构方程模型及其应用[M].北京:教育科学出版社,2006:27,177-189.

[30] 黄荣怀.跨文化背景下中英文网上学习的比较研究[J].开放教育研究,2007(6):6-8.

[31] 黄希庭,郑涌.当代中国大学生心理特点与教育[M].上海:上海教育出版社,1999:39.

[32] 焦本斌.基于生态学视角的教学资源库系统的设计与开发——以"生物学教学论"课程为例[D].上海:华东师范大学,2011:45.

[33] 李贺华.基于云计算的专业教学资源库建设研究[J]实验技术与管理,2014(10):193-197.

[34] 李金红.学习动机与学习动机理论综述[J].考试周刊,2009(8):210-211.

[35] 李利平.高职教育专业教学资源库建设的改革思考[J].中国高教研究,2011(6):90-91.

[36] 李真真.高等职业院校专业教学资源库建设研[D].秦皇岛:河北科技师范学院,2012:45.

[37] 李祖超.教育及理论[M].北京:中国社会科学出版社,2008:78.

[38] 林蕙青.推动信息技术与教育教学深度融合 实现高等教育高质量内涵式发展[J].中国大学教学,2018(1):1-5.

[39] 林芸.高职学生学习动机激励策略的探讨[J].教育与职业,2012(17):98-99.

[40] 刘滨.高职学生学习动机特点的初步研究[J].心理科学,2009(3):724-726.

[41] 刘淳松.大学生学习动机的性别、年级及学科差异[J].中国临床康复,2005(20):96-98.

[42] 刘儒德.学习者特征对网络学习的影响[J].中国电化教育,2004(6):11-15.

[43] 刘长茂.人口结构学[M].北京:中国人口出版社,1991:89.

[44] 卢敏.课堂外语学习动机对学习行为的影响[M].济南:山东大学,2008:17.

[45] 卢纹岱.SPSS统计分析[M].北京:电子工业出版社,2010:109.

[46] 鲁昕.以信息化带动职业教育现代化[J].江苏教育(职业教育),2013(1):6-10.

[47] 陆根书,刘萍.学生对课程教学质量的评价及其影响因素分析[J].中国高等教育评论,2018(8):105-153.

[48] 罗伯特.社会心理学[M].北京:机械工业出版社,2013:16.

[49] 罗双兰,李芒.关于如何激发学习动机的相关研究述评[J].广西师范大学学报,2004(10):97.

[50] 骆虹.成人学习动机对学习行为及效果的影响[J].继续教育,2013(2):8-10.

[51] 吕林海.研究型大学哲学通识课程的学习质量[J].复旦教育论坛,2017(2):72-78.

[52] 吕娅毅.学习动机与学习行为关系的研究——如何在基护教学中激发学生的学习动[J].读与写(教育教学刊),2010(6):106-107.

[53] 马晓虹.运用动机设计模式内化小学生学习动机的初步研究[D].长沙:湖南师范大学,2001:34.

[54] 迈克尔·普洛瑟.如何提高学生学习质量[M].北京:北京大学出版社,2015:15.

[55] 毛晋平.对当前我国大学生学习动机特点的思考[J].高等师范教育研究,1995(1):47-51.

[56] 明均仁.基于TAM模型的移动图书馆用户接受研究[J].图书馆建设,2013(11):45-49.

[57] 宁良强.高职生的学业自我效能感、学习动机及其与学习成绩的关系[D].济南:山东师范大学,2009:5,29.

[58] 彭文辉.网络学习行为分析及建模[D].武汉:华中师范大学,2012:17.

[59] 皮连生.学与教的心理学[M].上海:华东师范大学出版社,2001:58.

[60] 钱红.高职院校专业群建设的实践与思考[J].高职教育,2015(1):139-141.

[61] 切顿·切普莱杰特.在线学习环境中提升学习动机的移动交流工具设计[J].现代远距离教育,2012(2):27-33.

[62] 邱皓政.结构方程模型——LISREL的理论、技术与应用[M].台北:双叶书廊,2005:88.

[63] 任友群.教育信息化进入创新发展新时代[J].中国教育报,2018(1):1-2.

[64] 任占营.职业院校教学工作诊断与改进制度建设的思考[J].国家教育行政学院学报,2017(3):41-46.

[65] 任占营.优质高职院校建设的思考[J].国家教育行政学院学报,2018(7):47-52.

[66] 任占营.新时代高职院校强化内涵建设的关键问题探析[J].中国职业技术教育,2018(19):53-57.

[67] 桑宇霞,梁林梅.MOOCs在线学习困难与学习支持调查研究[J].现代教育技术,2014(12):33-39.

[68] 尚俊杰等.学习科学:推动教育的深层变革[J].中国电化教育,2015(1):1-4.

[69] 孙善学.准确把握专业教学资源库的建设意义[J].中国教育报,2018(1):1.

[70] 汪雅霜.大学生学习投入度对学习收获影响的实证研究[J].国家教育行政学院学报,2015(7):76-81.

[71] 汪雅霜,汪霞.高职院校学生学习投入度及其影响因素的实证研究[J].教育研究,2015(1):77-84.

[72] 温忠麟.中介效应检验程序及其应用[J].心理学报,2004(5):614-620.

[73] 吴明隆.结构方程模型:AMOS的操作与应用[M].重庆:重庆大学出版社,2009:58,80-91,226-227.

[74] 张红霞.教育科学研究方法[M].北京:教育科学出版社,2009:90,191-192,491.

[75] 周建松.以教学资源库建设为抓手推动教育教学改革与创新[J].中国职业技术教育,2014(26):76-78.

[76] ALDERMAN M K. Motivation for achievement: Possibilities for teaching and learning[J]. Mahwah, NJ: Lawrence Erlbaum, 2004:67,123-126.

[77] AMES C, AMES R. Research on motivation in education(Vol.3):Goals and cognitions[J]. Orlando, FL: Academic Press,1989:56.

[78] BIGGS J. Individual differences in study processes and the quality of learning outcomes[J]. Higher Education,1979(8):57-58.

[79] BIGGS J B. Learning strategies, student motivation Patterns and subjective success,Kirby(Ed)cognitive strategies and educationalperformance Academic press INC, 1994:123.

[80] BROPHY J. Motivating students to learn(3rd ed.). New York: Rout ledge, 2010:41.

[81] BROWN H D. Teaching by Principles: An Interactive Approach to Language Pedagogy[J]. New Jersey: Prentice Hall Regents,1994:23.

[82] BUSATO V V,PRINS F J,ELSHOUT J J,Hamaker C. The relation between learning styles,the big five personality traits and achievement in higher education[J]. Personality and Individual Differences,1999(26):129-140.

[83] DECI E L, RYAN R M. Intrinsic motivation and self-determination in human behavior[M]. New York:Plenum Press,1985:6.

[84] Deci. Motivation and Education:the self-determination perspective. Educational Psychologist,1991(26):325.

[85] DNRNYEI Z. Motivational Strategies in the Language Classroom. Cambridge: Cambridge University Press,2001:73-284.

[86] HAIR J F,ANDERSON R E, TATHAM R L,et al. Multivariate data analysis (5th ed.). New Jersey:Prentice Hall,1998:21.